新时代高校人才培养模式的理论与实践

陈志丹 著

图书在版编目（CIP）数据

新时代高校人才培养模式的理论与实践 / 陈志丹著. —北京：科学技术文献出版社，2022.5
ISBN 978-7-5189-9189-1

Ⅰ.①新… Ⅱ.①陈… Ⅲ.①高等学校—人才培养—培养模式—研究—中国 Ⅳ.① G649.2

中国版本图书馆 CIP 数据核字（2022）第 079470 号

新时代高校人才培养模式的理论与实践

策划编辑：王瑞瑞　　责任编辑：王瑞瑞　周　默　　责任校对：张永霞　　责任出版：张志平

出　版　者	科学技术文献出版社
地　　　址	北京市复兴路15号　邮编 100038
编　务　部	（010）58882938，58882087（传真）
发　行　部	（010）58882868，58882870（传真）
邮　购　部	（010）58882873
官方网址	www.stdp.com.cn
发　行　者	科学技术文献出版社发行　全国各地新华书店经销
印　刷　者	北京厚诚则铭印刷科技有限公司
版　　　次	2022 年 5 月第 1 版　2022 年 5 月第 1 次印刷
开　　　本	710×1000　1/16
字　　　数	142千
印　　　张	8.75
书　　　号	ISBN 978-7-5189-9189-1
定　　　价	38.00元

版权所有　违法必究

购买本社图书，凡字迹不清、缺页、倒页、脱页者，本社发行部负责调换

前　言

　　进入新时代，新思想、新模式、新教育将引导和影响未来高等教育的整体和长远发展，人才培养将迎来全新的革命性变化，新时代背景下，人才是实现中华民族伟大复兴中国梦的重要保障。但是，今天高层次人才培养的重要载体在模式的构建上存在若干悖论，创新困境重重。为此，本书将大学人才培养模式的优化、改革作为研究重点，通过对大学人才培养模式相关文献进行综述，对中外高等教育理念及我国大学培养模式沿革的回顾，结合人才培养的可持续发展要求，形成人才培养模式的理论融合，确定了以系统工程与模式系统的原理对大学人才培养模式进行研究的基本思路；在系统分析部分，整理出人才培养模式系统的目标、要素、环境，并通过系统的涌现性对大学人才培养模式的结构、功能进行分析；在系统设计阶段，通过"I→P→O过程模型"分析了人才培养过程控制的反馈机制，揭示了人才培养系统的运行机制；在系统评价阶段，用网络层次分析法作为人才培养系统的评价方法，构建了大学人才培养系统的评价模型。

目 录

第一章 绪 论 …………………………………………………… 1
    一、问题的提出 ………………………………………………… 1
    二、研究范畴及意义 …………………………………………… 9
    三、国内外研究概况 …………………………………………… 11
    四、研究方法及篇章结构 ……………………………………… 31

第二章 我国大学人才培养模式的沿革及理论融合 …………… 34
    一、大学人才培养模式的界定 ………………………………… 34
    二、我国大学人才培养模式的沿革与可持续发展 …………… 39
    三、人才培养模式的理论融合 ………………………………… 44

第三章 大学人才培养模式的系统分析 ………………………… 51
    一、系统工程与模式系统设计原理 …………………………… 52
    二、目标分析 …………………………………………………… 60
    三、环境分析 …………………………………………………… 68

第四章 大学人才培养模式系统的要素与结构 ………………… 74
    一、人才培养模式的构成要素 ………………………………… 74
    二、人才培养模式的要素分析 ………………………………… 75
    三、人才培养模式系统的结构—功能分析 …………………… 80

第五章 大学人才培养模式的运行控制 ………………………… 90
    一、过程模型 …………………………………………………… 91
    二、过程控制的反馈机制 ……………………………………… 94

第六章　大学人才培养模式的评价体系……100

一、评价体系的指导原则……100

二、教育的卓越绩效准则——人才培养质量的评价方法……105

三、模型分析……107

四、指标与权重……110

第七章　研究总结与展望……115

一、研究总结……115

二、研究展望……115

附　　录……117

参考文献……131

第一章 绪 论

个人成才的途径很多，进入大学接受高等教育只是其中一种。培养人才的形式很多，高等院校是重要的方式之一。几十年的发展，我国已经成为名副其实的高等教育大国，在校大学生的规模超过3000万人，大学数量超过3000所。但事实上，中国并不是世界的高等教育强国，甚至，高等教育强国的研究"还刚刚起步"。① 作为一个培养专门人才、履行高等教育职责的社会机构，大学如何构建、创新并优化其人才培养模式，是提升高等教育质量的首要问题，也是检验高校是否具备大学精神的重要依据。

一、问题的提出

我国大学的人才培养模式是传统的学科知识型人才培养模式。所谓学科知识型是指我国大学的人才培养模式采用将各分类学科的知识传授给学生的方式，只关注通过课堂教学的方式对学生进行知识灌输，却忽视对学生学习能力的培养，忽视促进学生个性、创造性和潜能的发展，使学生成为储存知识的容器，导致我国培养的学生都成为学科知识继承型人才，缺乏相应的道德素养、批判精神、探索精神、实践能力和创新能力。这种传统的人才培养模式和当今时代的发展及大学所应承担的历史使命不相符合，其形成的最根本的原因是源于我国传统教育理念若干悖论的影响，从而导致当前大学人才培养模式的诸多困境。

（一）人才培养的光辉时代与大学使命

2010年7月和8月接连出台的《国家中长期人才发展规划纲要（2010—2020年）》《国家中长期教育改革和发展规划纲要（2010—2020年）》，

---

① 邬大光，赵婷婷，李枭鹰，等. 高等教育强国的内涵、本质与基本特征 [J]. 中国高教研究，2010（1）：4–10.

在不同历史时期有力指导推动了教育改革发展。2019年2月中共中央、国务院印发了《中国教育现代化2035》，中共中央办公厅、国务院办公厅印发了《加快推进教育现代化实施方案（2018—2022年）》，2035年是我国基本实现社会主义现代化的重要时间节点，面向2035年教育现代化的目标描绘好教育发展的远景蓝图，为新时代开启教育现代化建设新征程指明方向。因此，人才培养应该在时空环境里判断行为的科学性和合理性，这样，大学才能充实自己需要担当的内容，理解使命之所在。

1. 光辉时代：改革语境中的大学机遇与挑战

人类已经不可逆转地进入一个前所未有的全球化、世界化的时代。时代的光荣依靠人才创造。承担高等教育的大学必须正视机遇、迎接挑战、拥抱时代，在改革的环境中，以巨大勇气和高超智慧思考和解决两位大师先后留下的问题。

① "李约瑟难题"："如果我的中国朋友们在智力上和我完全一样，那为什么像伽利略、托里拆利、斯蒂文、牛顿这样的伟大人物都是欧洲人，而不是中国人或印度人呢？为什么近代科学和科学革命只产生在欧洲呢？为什么直到中世纪中国还比欧洲先进，却让欧洲人后来居上呢？怎么会产生这样的转变呢"？①

② "钱学森之问"："现在中国没有完全发展起来，一个重要原因是没有一所大学能够按照培养科学技术发明创造人才的模式去办学，没有自己独特的、创新的东西，老是'冒'不出杰出人才……为什么我们的学校总是培养不出杰出人才"？

2. 大学使命：国家安全与发展的战略需要

当今全球竞争战略和竞争力领域的第一权威，被誉为"竞争战略之父"的哈佛商学院终身教授迈克尔·波特在《国家竞争优势》（中信出版社，2012年8月）一书中提出了著名的"国家竞争优势四因素理论"。他认为，国家竞争优势主要取决于"钻石结构"（National Diamond）系统中的诸因素，影响一国开发其产业竞争优势的关键因素有4项，即生产要素、需求状况、相关产业及企业战略和组织。这4个方面条件相互促进、相互制约。其中，生产要素分为基本生产要素，如自然资源环境、初级劳动力等；高等要素，如现代化通信网络、高素质科技人才、科研机构和高校领先学科等。基本要素具有资源禀赋性质，它对某些行业的建立具有决定性影响，但其在竞

---

① 李约瑟. 中国科学技术史［M］. 北京：科学出版社，1990.

争中的重要性日益下降。

高等要素是极其稀缺的、难以仿效的，只有经过长期投资和培育才能创造出来，它在竞争中的作用越来越重要。针对其中人才要素的培养可以分解为两部分：谁培养（培养主体）和怎么培育（培养形式）。人才培养是国家职能和社会责任，包括高校、企业事业、部队、监狱等各类组织、单位，甚至一个家庭都是人才培养的主体。但是，对生产"高等要素"，高等院校独有的担当和使命，正是基于高校的基本功能——人才培养、科技研究及社会服务所决定的。

提升国家竞争优势蕴含国家安全与发展（Safety and Development，S&D）两重性目标实现。而"高等要素"的生长培育需要生成、发展、提高、升级换代的环境，但是，"生产主体"——"中国大学加强自身建设、健康发展显得异常重要，而在当前，受极度浮躁的社会心态影响的大学，急功近利，贪大求全，以至于造成人才培养模式单一，模型化越来越严重"。

（二）大学人才培养的若干悖论

大学应有大学精神、大学品质。最大的大学就是社会，所谓"广阔天地大有作为"。但"大学精神"之大学，指的是高等院校，即高校，是组织实施高等教育计划从"人"到"人才"培养，具备独特的精神追求和价值诉求的社会机构。有学者认为，进入新时期，现代大学发展在世界各国均出现不同程度的精神缺失。[①] 由于内在矛盾日益游离教育的这一人类学本体论意义，出现了"大学精神悖论"。主要表现为科学精神与人文精神的冲突、整合与隔离的对立、"为人"与"为学"的分裂、目的性与手段性的矛盾。今天大学教育已经被实用主义所裹胁，其背后又隐含着虚无主义——除了时尚和利益，一切都不可信、不可靠，都可以放弃、抛弃。这正是腐蚀着中国社会风气和教育的两大思潮。其在教育领域的表现和恶果，就是知识的实用化——拒绝一切和实用无关的知识，精神的无操守——拒绝一切精神的追求与坚守。这是一种大学本性的丧失、大学教育的堕落。在人才培养方面甚至是危机蛰伏，中国大学毫不例外地反映出不仅仅是以下列举的悖论。

1. 科学与人文的冲突

科学技术知识一旦游离了人文精神的约束，摆脱了价值坐标的有效范

---

① 何中华. 现代语境中的大学精神及其悖论 [J]. 文史哲，2002（1）：9–16.

导，就难免导致悲剧性的后果，这就是以就业为导向的人才培养极易忽视人文道德素质要求。伟大的科学家爱因斯坦坚定地立足价值优先和道德至上的立场，他认为，作为理性精神的最典型的文化形态，科学和技术在价值上的中立的性质，决定了它们本身无法给出恰当的价值选择。他进一步主张，应当把高尚的价值目标置于科学知识之上。爱因斯坦说："这个爱好文化的时代怎么可能腐败堕落到如此地步呢？我现在越来越把厚道和博爱置于一切之上……我们所有那些被人大肆吹捧的技术进步——我们唯一的文明好像是一个病态心理的罪犯手中的利斧。"① 他进一步指出："人类最重要的努力莫过于在我们的行动中力求维护道德准则。我们的内心平衡甚至我们的生存本身全都有赖于此。只有按道德行事，才能赋予生活以美和尊严。"②

现代意义上的大学所体现出来的理念及其文化内涵，它是现代性的产物，从教育与文化的内在联系看，教育担当着传承文化道统、开发人的潜能、塑造道德人格的使命。

2. 整合与隔离的对立

大学精神蕴含着"整体"与"部分"之间的悖论。在英文中，"大学"（university）一词与"universal"内在相关。而"universal"就含有普遍、全面、整体之意。"大学"之"大"首先就在于它的全面性、丰富性和总体性，而构成大学之整体的则是"department"。显然，在"university"和"department"之间，存在着"univer"同"depart"的分裂和张力。部分与部分之间在体制层面上的相互隔离，使得整体的有机性急剧衰退。特别是在现代社会背景下，随着现代知识分类学的发展，以及社会需求的发散性和多样性的日益凸显，这种隔离和分裂的趋势空前突出。当代大学在目标定位上，似乎并没有谁公开拒绝把人的全面发展作为大学教育的当然使命。但事实上，从制度安排到运作模式，从体制设计到资源配置，从培育过程到培养结果，无不存在人的片面化的倾向。人们对所谓"通才"及"通才教育"的热切呼唤，就是一个证明。从应然意义上的全面性走向实然意义上的片面性，这正是现代大学教育所面临的一个尴尬处境。

3. 为人与为学的分裂

若不能培养出有爱心、有良知的个人及稳定的家庭，就无法期待美好社

---

① 杜卡斯. 爱因斯坦谈人生［M］. 北京：世界知识出版社，1984：78.
② 杜卡斯. 爱因斯坦谈人生［M］. 北京：世界知识出版社，1984：83.

会。自私的极端个人主义和短视的及时享乐主义，在一些社会成了生活主流。许多人丧失了对国家、社会、家庭甚至自己的责任感，越来越依靠物质，包括吸毒、性自由来填补心灵的空虚。精神污染的道德混乱环境，将使人的良知变得迟钝，最终导致人生失败，并进一步带来社会混乱。

4. 目的与手段的矛盾

在现代性的背景下，教育的功能被畸形地、单向度地放大了。这主要表现为教育的经济增长功能被过分地夸大和凸显。因此，大学教育日益沦为促进和推动经济发展的不可替代的手段和工具。如此一来，教育对于人类文化来说所具有的本体论意义就因此被遮蔽和消解掉了。由于知识储备的多寡、学历及学位的高低同职业选择、获得的报酬之间有着越来越紧密的关系，人们日益看重教育的投资性质。这在一定程度上诱发了教育产业化的政策选择。教育社会学的研究表明，"在美国，所受的教育年限和社会出身一起构成了能否取得职业成就的一个决定因素"，甚至"在较好的和较差的中学、大学、研究生院及法律学校的毕业生之间，在取得职业成就方面也存在着差异"。① 由此也就不难理解，在正迈向现代化的中国，为什么有那么多学生对自己及学生家长对子女的受教育程度有很高的期望值了。

除此之外，中国式的悖论还在于以下两个方面：

①文凭追求与技能掌握的矛盾。在21世纪初期，中国的大学生数量每年以30%左右的速度增长。高等教育机构成为学历文凭批发商，满足了毕业生的文凭追求，但难以学以致用，而农民工及蓝领工人的工资上涨，工人数量的急剧下滑，低端收入群体的工资就将以更快的速度上涨。根据供需法则，低端收入群体的工资将上涨，而大学生群体的收入将下滑。② 近些年

---

① 张人杰. 国外教育社会学基本文选［M］.上海：华东师范大学出版社，1989：43.
② 目前，大学生"回炉"现象已经出现。不少职业学校甚至专门开设了大学生"回炉班"。长期以来，传统的高校教学模式难以满足社会岗位的需求，大学生就业率连年走低，中专技校毕业生却成了"香饽饽"，不少大学生毕业后求职受挫，只好回职业学校学技术。这既反映了大学生们经验不足、技能短缺的尴尬，也揭开了现行教育模式的伤疤。虽然大学生"回炉"是在就业困境下的一种理性选择，能够加强对自身实践技能的培养，但此举容易造成时间和资源的浪费，使得大学生的成才道路更加曲折。其实，真正应该"回炉"的并不是大学生，而是高等教育机制。在条件允许的前提下，高等教育还是应该按照市场需求来设置专业和人才培养模式，加强对学生实践技能的培养，尽最大努力实现学校与社会的对接，以提高学生日后的社会适应能力和竞争力，尽量避免毕业后"回炉"，减少时间和经济成本的浪费。谁都不应为大学生的"回炉"埋单，大学生"高学历低技能"现象是对高等教育模式的一个警示，如何让学生真正适应社会需求，怎样避免教育资源的再度浪费，都值得我们深思。

来，在经济多年持续高增长的背景下，老百姓生活的安全感并未与收入同步增长。恰恰相反，由于社会保障制度不完善等种种因素，担心收入下降、担心丢掉工作、担心养老生病等焦虑心理，在人群当中十分普遍。越来越多的大学生不仅热衷考公务员，他们在选择其他职业时，也普遍更加注重工作的福利待遇，而对自己的专业、能力、爱好与工作的匹配性，以及工作强度、工作环境、人际关系等其他软要素，关注度都在不断下降。

②人才供给的质量和素质与当前社会发展需求之间的矛盾。人的全面发展与社会发展、社会需求日趋一致，即信息化、全球化、生态化。从社会角度看，大学应该起到的作用是提高全民素质、提升国家的竞争力。但是如果以为在大学里面只学习就业技能这显然不对，而也不是说读大学就是为了科研，大学就是致力于培养高科技人才。毕竟，科研所需人力有限。只致力于顶尖人才培养同样是不合理的。那样一个成功者的背后势必牺牲了千百个失败者，代价太大。大学不能完全屈从于市场，市场是瞬息万变的，学生个体可能还能跟随市场变化调整，而大学的调整不可能跟上市场的变化。

（三）当前大学人才培养模式的困境

1. 理念更新缓慢

就人才培养过程而言，传统的集中式管理体制、刚性的课程计划、重理论轻实践的教学目标、重功利轻人文的价值取向等，都在不同程度地起着强化旧模式的作用。在知识大爆炸的时代，由于培养对象个体特质与志向差异较大，学生自我设计与发展期望呈现多样性。只有让学生的个性得到充分发挥，才有可能激发学生的创造欲望和创新激情，才能实现高等教育以人为本的根本目的，开发学生的智慧与潜能。

扩招后，高等教育的大众化取代了精英教育，教学要求和教学水准下降，人才培养模式中的课程体系走向"多而滥"的方向，专业设置、培养规格、培养方案、教学计划、评价体系等刚硬太多而柔性不足，严重地限制了学生个性化发展和创造潜能的激发。

更为严重的是，人才培养模式的改革与创新缺乏系统观，没有体现整体关照，导致迷失方向。① 理念更新是人才培养模式的价值工程。

---

① 王伟廉. 人才培养模式：教育质量的首要问题 [J]. 中国高等教育, 2009 (8)：24-26.

2. 体制机制羁绊

教育行政管理体制表现的官僚化严重，管理效率低下，管理权限集中，从人权、财权到事权：人事、职称、财务、招生乃至课程体系与专业设置……都要服从上级主管部门，大学就是教育行政机关的附属机构，而不是真正的教育主体。另外，培养评价方式单一、分类管理不清、教育资源的分配不公、民办机制不健全、公办和民办大学的不公平竞争等，由体制机制产生弊端远不止于此。但是，在《中华人民共和国高等教育法》等有关法律没有修改之前，改革仍然受到法治的约束，任何改革都应该在该法框架下进行。而社会用人机制对人才培养模式的影响更不容小觑。例如，近10年以来，"公务员热"背后的根本原因就是安全感缺乏，公务员"能上不能下、能进不能出"，优越的待遇导致报考公务员成为大学生就业的首选，但是教育资源、人才资源的浪费却没有引起政府的反思。

体制机制羁绊是人才培养模式的环境约束。

3. 学校定位混乱

学校是人才培养模式的特定载体，现代大学承担科研、人才培养、社会服务功能，通过教学、研究和服务在内的基本行为培养高技术的人才，使他们能够在经济领域、政府和社会服务机构中任职，创造新的知识和技术，推动社会运转，为社区和国家提供服务。

但不幸的是，社会的功利化、商业化、市场化已经感染到"象牙塔"，学校片面追求就业率，在办学特色方面无差异，在培养目标方面趋同，在学术研究方面相似。不同类型的高校几乎在走同一条路，这种单一性的培养模式对人才培养造成种种不良后果：一方面造成我国高等教育培养的人才在整体结构上"千校一面"，同一种类型和层次的人才培养过剩，社会所需的其他类型和层次的人才严重不足，造成人才培养的比例和结构严重失调；另一方面造成我国高等教育培养的人才在个性特色上"千人一面"，更难以谈得上创造性。

以上对理念更新、体制机制与学校自身的定位分析表明：破坏式的创新是不现实的。

可以说，今天的高等教育是在"政治论"①的主导下承载人才培养任务的。主要是为满足两个方面的需要：一是国家和社会对高层次人才的渴望，尤其是对杰出的、优秀人才的渴望；二是莘莘学子对成才的渴望，对就业的渴望。培养机构对前一个需要的认识是形而上的，实施起来几乎无一不打折扣，并且是否能够杰出优秀的标准并不具体，"准人才"只有进入社会才能评价，基本是在工作岗位上（通过单位培养）实现；对后一个需求，大学倒是全体上下积极主动响应，在实际的培养过程中给学校的压力也更为明显：毕业生的出路怎样，不仅关乎办学机构自身声誉，还关乎学校另一更为重要的政治任务（维稳）的执行。

毕业生被就业率裹胁并非绝对的坏事，但问题却容易走向另一个相反的方向：无数虚假的就业率统计报告显示，名牌、重点大学对优质生源的垄断，以及就业倚重学校历史资源，导致人才的规格和质量没有被科学、客观考评，给人才培养模式改革和创新蒙上了一层厚厚的阴影。研究表明，当前"大学生就业难"的原因很多。搜狐网给出的调查结果有以下几点：①结构性矛盾，供求错位；②选人用人，缺标少准；③市场配置，手段粗放；④知识陈旧，转化率低；⑤准备不足，生涯模糊；⑥理念滞后，能力危机；等等。因此大学作为培养单位无法承担"大学生就业难"的完全责任。但是，大学对人才培养模式的改革和创新，无论是为缓解大学生的"就业难"，还是为大学生的一般性成才，都是责无旁贷的。

---

① "政治论"出自布鲁贝克的《高等教育哲学》。在简要回顾了西方高等教育发展史之后，布鲁贝克以美国高等教育发展史为例，概括出高等教育的两种哲学观："认识论"与"政治论"。所谓"政治论"的高等教育哲学观认为，人们探求深奥的知识不仅出于闲逸的好奇，还因为它对国家有着深远影响。它强调高等教育应该关注社会的要求。认为过去那种根据经验就可以解决的政府、企业、农业、劳动、原料、国际关系、教育、卫生等问题，现在则需要极深奥的知识才能解决。而获得解决这些问题所需要的知识和人才的最好场所是高等学府。所谓"认识论"的高等教育哲学观是指以"闲逸的好奇"精神追求知识为目的，高等教育自身发展逻辑就是追求知识的客观性，追求不受主观价值影响（Value-free）的结论。

二、研究范畴及意义

（一）研究范畴

1. 研究对象

随着科学技术的飞速发展和终身教育理念的兴起，正如前所述，面对高等教育的发展与人才建设的境况，亟待思考与解决的是人才培养模式，其本质是教育系统结构的优化问题。此外，高等教育形式、专业等发展迅速，模式呈现"复杂性"结构：由学生潜质、教师素质、管理者水平、教材质量、设备配置、课程设置、合作单位、用人单位等诸要素组成。但复杂系统的基本特质，实际上通过对这个系统的分量部分（子系统）性能的了解，仍不能对系统的整体性能做出完全的解释。处理该复杂系统（Complexity System）既要挖掘每个要素的潜能，又重视诸要素之间的关系与联结，把它们合理且和谐地组合在一起，使其构成一个整体功能大于各部分功能总和的良好系统，即 1+1>2。通过人才培养模式这个复杂的巨系统研究，有望揭示高校人才培养系统的本质与结构，阐明其功能与发展的规律性，并寻求解决问题的方略。

2. 系统边界

首先是界定人才培养的特定载体。结构不同则功能不同。本书认为人才培养的载体有自载体和他载体。为了培养本人或本组织成员的载体是自载体；为了培养他人或其他组织成员的载体称他载体。大学培养人才与个人的自学成才、单位培养人才、军队培养人才、监狱培养人才、科研机构培养人才都有不同，其目的是为社会输送人才，因此大学承载人才培养的目的、方式要与其组织结构、成长环境、精神实质相适应。

其次是确定人才培养的目的和价值。比较满意的回答是社会发展。但是，这个回答需要被继续追问：人的发展与人的成才是什么关系？马克思指出，"为了人并且通过人对人的本质和人的生命、对象性的人和人的产品的感性的占有，不应当仅仅被理解为直接的、片面的享受，不应当仅仅被理解为占有拥有。人以一种全面的方式，也就是说，作为一个完整的人，占有自己全面的本质"，①并且在《共产党宣言》中旗帜鲜明地提出"人的全面而

---

① 马克思，恩格斯. 马克思恩格斯全集（42卷）[M]. 北京：人民出版社，1979：123.

自由发展"是未来社会的目标。科学发展观强调"以人为本",而坚持以人为本,就是要以实现人的全面发展为目标,从人民群众的根本利益出发谋发展、促发展,不断满足人民群众日益增长的物质文化需要,切实保障人民群众的经济、政治、文化、生态等权益,让发展的成果惠及全体人民。这就是说社会发展的根本目的是人的发展。人的发展与社会发展是目的与手段的关系,人的发展是社会发展的根本目标,在社会发展中实现人的发展目标。人的发展的另一个重要表述是国民素质提高,国民素质的培养与人才的培养是辩证统一的,把人的培养目标设置为人才,人才就是社会发展不可缺少的生产力要素,因此,这使得社会发展成为人的发展目的的手段运用。

本书对人才培养模式进行的研究是以系统理论为基础的。系统理论认为,任何系统都会受到内外两方面因素的影响,高校人才培养模式系统也同样是在内部因素和外部因素的共同作用下发展变化的。本书在研究中考虑到高校人才培养模式系统的分析设计是以高等院校,即大学内部运行机制为重点的,因此,在选取系统构成要素的过程中也是以高等院校内部影响因素为基准的。至于外部因素对高等教育系统产生的影响,则以顶层设计中的要素间的关联关系得以实现。

(二)研究意义

1. 研究的理论意义

中国的教育改革在实践层面可谓举步维艰、四面楚歌,理论研究却方兴未艾,似乎繁荣一片。各种教育理念层出不穷,但无论从海外舶来的,还是本土自生的,一旦付诸教育实践,效果并不令人满意,甚至貌似正确的某些理论创新,还给人才培养造成巨大损害。

运用系统科学的理论和方法,通过人才培养模式的历史嬗变,以及高等教育学的比较研究,归纳特点和共性,剖析大学作为高等教育原载体的结构、功能和发展趋势,分析人才生长的环境要素、演化特征,探寻人才成长规律,从而实现设计、构建、优化和创新人才培养模式的目的,丰富高等教育的理论体系。因此,为实现发掘与发挥创造性人才的社会功能与价值所做的方法论思考,正是人才培养的系统工程模式研究的理论价值所在。

2. 研究的实践意义

人类已经进入网络化时代充满空前挑战和空前机遇的世界化环境,一个国家、一个民族、一个组织、一个公民的社会实践活动就是积极、主动、充分、持续地利用这个大环境。大学也应如此。大学发展是恶性还是良性，人才培养模式是好还是坏，判断与解决问题的办法取决于是否能科学地整合一切相关资源，是否有统筹工作全局的、先进的系统工程框架；取决于是否能建立和运行好"持续集成机制"（包括继承的、扬弃的）和"持续创新机制"（包括原创型的、改进型的、集成型的）。

因此，将大学人才培养科学地、高效地整合成为一个完整的系统工程过程，充分利用先进、适用的技术支持系统或技术支持平台（包括信息技术和非信息技术），提出创新与优化高校人才培养模式、提高培养质量的对策建议，为各类高等院校的各层次教育改革实践提供借鉴和参考，也为国家或政府部门制定相关政策提供决策依据。

三、国内外研究概况

（一）国内研究概述

人才培养通过学校有组织、有计划地发展，是以基础教育、职业技术教育、成人教育和高等教育等教育形式实现的。在高等教育尤其是本科教育中，人才培养模式的研究和实践形成了不同的层面、不同的视角。经过文献检索后，不同的认识和观点非常壮观，可谓见仁见智，但概括起来，分歧主要停留在概念界定和类型划分这两方面存在差异。

从文献分析来看，目前开展大学人才培养模式研究的系统论者的研究兴趣和成果主要在以下几个方面。

首先，着重研究大学人才培养模式中的培养目标（目标模式），如面向"××"培养、"××型"人才等。目的是从人才定义、专业与就业方向等说明，但人才的全面发展与专才教育的矛盾难以平衡。

其次，着重研究大学人才培养模式中的培养途径（工具模型），如"校企合作"、"本硕"连读、"本硕博"连读或"X+X"模式等。目的是从"理论与实践结合"、学制学历等方面进行阐述，但人才的成才规律决定了检验标准有单一与综合的差异。

最后，着重研究大学人才培养模式中的构成要素（结构模型），如三要素说、五要素说（《生物医学 PhD 培养模式的系统研究》《技术本科人才培养模式特征研究》）、七要素说等。由于内涵和外延难以界定，简单结合而形成的、机械呆板的组织样式不能体现模式的动态性。

出现这些情况的原因有以下几点：一是基础数据不够完整，重要的定性问题难以统一，实际现象很难描述（原型），大学人才培养模式中的核心要素不充分。对象不能解构，从而很大程度影响了定量分析，形成不了"特定系统"的模式全息图像（建模）；二是对系统方法的掌握程度与人才培养模式存在的问题认识还有差距，导致分析不能深入，问题研究过多强调子系统或要素，割裂局整关系，缺乏实际操作性；三是中国高等教育管理体制的固有弊病与办学主体的复杂性，导致系统的封闭性。

概括而言，对过程分析、要素间的耦合关系、控制约束、评价反馈、大学组织体的耗散结构、内外部环境影响等重点问题需要进一步研究。

1. 人才培养模式的主要观点

近10年来，对人才培养质量的忧虑进一步提升了人们对人才培养模式的研究，理论成果不断。① 在概念的内涵和外延界定上，大致发展为3种观点。

一是狭义观。将人才培养模式限定在教学模式这个范围内，把"人才培养模式"理解为"过程"或"方式"。把人才培养模式界定为"是指在一定的教育思想和教育理论的指导下，学校根据人才培养目标，对培养对象采取的某种特定的人才培养的结构、策略、体系及教育教学活动的组织样式和运行方式的总称"。②

二是中间观。这类观点认为，人才培养模式的内涵，是指在一定的教育思想和教育理论指导下，为实现培养目标而采取的培养过程中某种标准构造样式和运行方式。这类研究者的研究将培养模式内涵的范畴规定于教学活动与整个管理活动之间。类似的研究还有以下几个。

（1）教学活动程序

人才培养模式是在一定教育理论指导下、在实践中形成的将教学活动诸要素联结起来的结构和实施教学的程序和方式。③

（2）整体教学方式

培养模式是教育思想、教育观念、课程体系、教学方法、教学手段、教

---

① 以关键词"人才培养模式"在"中国知网"检索，文献篇数是：1983年为2篇，最多的是2011年，5434篇。文献篇数在学科类别"高等教育"中为11 315篇。

② 蔡炎斌. 高校创新人才培养模式之探索［J］. 湖南师范大学教育科学学报，2006，5（2）：79-81.

③ 刘智运. 改革人才培养模式，培养创新型人才［J］. 教学研究，2010（6）：1-6.

学资源、教学管理体制、教学环境等方面按一定规律有机结合的一种整体教学方式。①

(3) 教育过程总和

教育过程总和"是在一定的教育理念、教育思想指导下,按照特定的培养目标和人才规格,以相对稳定的教学内容和课程体系、管理制度和评估方式实施人才教育的过程的总和,由培养目标、培养制度、培养过程、培养评价4个方面组成"。②

(4) 人才培养方案

人才培养模式是在一定的人才观和教育价值观指导下形成的教育活动,它是在大学理念和大学制度有机结合下才能实现的过程,是基于社会外部需求和自身教育资源配置而形成的教育过程,它体现着办学者的价值判断和自我选择,是人才成长和培养的一个过程。③

三是广义观。这一观点根据20世纪官方文件定义,继续探讨人才培养的整体性,认为不仅是对培养过程的设计和建构,也是对培养过程的管理,把"人才培养模式"理解为各种要素的组合。认为"人才培养模式是一个系统,至少应包括创新人才的培养模式和人才成长环境两大部分。创新人才培养模式是创新人才培养的核心,是在一定的教学组织管理下实施的,包括培养目标、专业结构、课程体系、教学制度、教学模式和日常教学管理;创新人才成长的环境是创新人才的保证,包括师资队伍、教学硬件和校园文化氛围。高素质的创新人才培养应该是从教师到学生、从观念到制度、从软件环境到硬件环境进行全方位、多角度的综合建设"。④

类似的观点还有,人才培养模式"是关于人才培养过程质态的总体性表述,即对人才培养过程的一种设计、构建和管理,在人才培养中起着统率作用"。⑤

人才培养模式"涉及人才培养活动的所有方面和整个过程,是对人才

---

① 刘红梅,张晓松. 21世纪初高教人才培养模式基本原则探析 [J]. 齐齐哈尔医学院学报,2002 (5): 589-590.

② 翟安英,石防震,成建平. 对高等教育创新型人才培养及模式的再思考 [J]. 盐城工学院学报 (社会科学版),2008 (2): 64-68.

③ 邬大光. 关于人才培养模式的若干思考:在"应用型本科院校人才培养模式改革与创新论坛"上的报告 [J]. 白云学院学报,2010 (1): 5-8.

④ 朱宏. 高校创新人才培养模式的探索与实践 [J]. 高校教育管理,2008 (3): 6-11.

⑤ 李文鑫,黄进. 跨学科人才培养的理论研究 [M]. 武汉:武汉大学出版社,2004: 126.

培养活动结构和过程及其相互关系的模式化，决定了组成要素、要素之间的相互关系及运行特点"。①

人才培养模式"是指培养主体为了实现特定的人才培养目标，在一定的教育理念指导和一定的培养制度保障下设计的，由若干要素构成的具有系统性、目的性、中介性、开放性、多样性与可仿效性等特征的有关人才培养过程的理论模型与操作样式"。②

人才培养模式"是一个诸多要素组成的复合体，又是一个诸多环节相互交织的动态组织。其中涉及培养目标、专业设置、课程体系、教育评价等多个要素及制定目标、培养过程实施、评价、改进培养等多个环节"。

从以上观点的分析可以看出，广义定义更为明确了人才培养模式的目的性，是为"实现人才培养目标"而形成的。③ 本书在一定程度上支持该观点。但该观点并没有给出人才培养模式设计内容，对人才培养模式属性没有解释，对人才培养过程及系统要素都需要继续讨论分析。

2. 人才培养模式的类型论

类型论来自各高校在探索人才培养模式改革中的不同做法。除了以国别进行区分，实践中表现为以人才的培养层次区分、以大学的类别性质区分、以学科的类别性质区分、以人才培养的目标区分、以人才培养的特征区分等，产生了不同的培养模式，不一而足，但基本思路是以类型为模式。

（1）根据人才培养的目标划定

对培养目标的第一种划分，是基于我国高等教育发展现状的考虑，有精英教育和大众教育两类。1998年12月24日教育部在《面向21世纪教育振兴行动计划》中提出了"创建若干所具有世界先进水平的一流大学和一批一流学科""若干所高校和一批重点学科进入或接近世界一流水平"的目标。这标志着我国正式启动研究型大学的建设。部分高校结合自身特点提出了建设研究型大学、争创世界一流或国际知名高校的新目标。

以潘懋元为代表的学者提出，中国高等教育正面临"从精英到大众教育的过渡阶段"，认为"精英与大众是中国大陆高等教育的两个发展方向，而且两个发展方向不完全一致"，并提出"大众和精英是高等教育的两个体

---

① 李志义. 谈高水平大学如何构建本科培养模式 [J]. 中国高等教育, 2007 (15): 34-36.
② 董泽芳. 高校人才培养模式的概念界定与要素解析 [J]. 大学教育科学, 2012 (3): 30-36.
③ 刘献君, 吴洪富. 人才培养模式改革的内涵、制约与出路 [J]. 中国高等教育, 2009 (12): 10-13.

系，这两个体系是并存的，不可互相代替的"。

为此，有学者主张，由于我国高校并没有真正的办学自主权及受某些现实条件的限制，在人才培养模式上仍然存在着"精英教育"的问题，"高品质，高规格"几乎成为高校、社会各界、人民群众的共同期望。因此，高等学校必须考虑如何给大多数学生以适当的高等教育，又如何让部分学有余力的学生受到所需要的高深知识教育，进而展开了如何更好地实施精英教育的探讨。

有学者指出，高水平研究型大学，具有一流的教育资源和育人环境，包括一流的学苗、一流的师资、一流的学科、一流的教学科研条件和广泛的国际交流等，因此，应该肩负起精英教育的责任，培养拔尖创新型精英人才。但是，大众化教育阶段的精英教育与精英教育阶段的精英教育是有区别的。后者是建立于少数人享有高等教育的基础之上的，是相对于未接受高等教育人群的精英，是较低层次的，体现为一种量的教育；而前者是建立在国民普遍接受高等教育的基础之上的，是一种高层次高素质的精英，体现为一种质的教育。[①]

也有学者主张，教学研究型大学作为中国大学的重要组成部分，在承担为地方经济发展服务，为地方大众化高等教育培养人才任务的同时，理应以其"教学与科研并重"的优势，将人才培养目标定位在"大众教育与精英教育并举，以大众化教育为主体，对优质生源、在优势学科培养精英人才"上，提出了教学研究型大学精英人才培养模式、教学研究型大学多样化人才培养模式。[②]

对培养目标的第二种划定，是从人才具备的知识结构与能力要求来看，分为通才教育模式和专才教育模式。[③] 通才教育是为了培养具有高尚情操、有高深学问、有高级思维，能自我激励、自我发展的人才。通才教育重视知识综合性和广泛性，注重理智的培养和情感的陶冶，但往往由于涉猎过分广博，学科的深入发展受到影响。通才教育在西方国家以美国为典型。与通才

---

① 艾宁，陈启华. 大众化教育背景下精英人才培养模式的构想与实践 [J]. 高教与经济，2006，19（3）：46－49.

② 陈煜. 教学研究型大学人才培养目标定位与模式选择 [J]. 黑龙江教育学院学报，2006，25（5）：42－43.

③ 陈旭，刘志杰. 通才教育与专才教育关系辨析 [J]. 内蒙古师范大学学报（教育科学版），2010，23（5）：13－15.

教育对应的是专才教育，专才教育是指培养专门人才的教育。专才教育以苏联为代表，比较注重学生实际工作能力的培养，培养的人才短期内具有不可替代性，但在专业划分过细的情况下，片面强调职业教育，会造成学生知识面狭窄，并影响后期发展。我国专才教育模式在20世纪50年代从苏联模式演变而来，专业划分细、注重理论学习、基础知识扎实，但存在能力培养不足，综合性、应用性不够等弱点，而且不符合学生就业的实际市场需求。因此，通才教育和专才教育各自有其局限性。但也有学者指出，专才与通才不应对立起来。专才教育不是对通才教育的否定。现阶段，"厚基础、宽口径"的思想也是通才教育的观念，所谓"厚基础、宽口径"只是一个相对的概念。因此，有学者提出，"针对我国高等教育人才培养模式转换中出现的问题，提出要从加强基础学科、管理体制和教学方式等内部条件着手，更好地实施通才人才培养模式。"对新型人才培养目标的探索：随着我国社会主义市场经济体制的建立和经济、科技的迅速发展，传统的人才培养模式逐渐暴露出弊端：培养的人才知识面较窄、缺乏人文素养及较强的适应能力和创造能力，其质量难以达到"促进人的全面发展"的大学人才培养目标的要求。为适应我国经济建设和社会主义市场经济对于高等技术人才的需求，扩大学生的就业途径，教育部曾就高等院校本科教育的人才培养模式提出了"厚基础、宽口径、重实践"原则性指导意见。

对培养目标的第三种划定，是在办学层次上的分型，即研究型、教学研究型、教学型和职业型。学者普遍认同现代大学是分层次的，相对一致的看法是，依据大学科研程度和研究生的拥有量等。分类研究中影响较大是武书连，他将大学分为研究型、研究教学型、教学研究型、教学型四类，其实际是按科研程度的不同，把教学研究型大学作了更细划分。但这种划分排除了专科学校、高职学校。

对培养目标的第四种划定，在大众化教育背景下提出传统的人才培养模式与新型的人才培养模式。这个层面的划分和探索在理论和实践中最为活跃，所谓的新型人才指的是应用型人才、复合型人才、创新型人才、多样化人才。

①应用型人才的培养目标是，面对现代社会的高新技术产业，在工业、工程领域的生产、建设、管理、服务等第一线岗位，培养直接从事解决实际问题、维持工作正常运行的高等技术型人才。明确提出应用型人才培养模式的大学主要是地方院校，为走出大学生就业困境。例如，安徽工业大学以培

养"立足地方、服务行业、扎根基层、适应发展的高级应用型人才"为目标；东华理工大学非常重视校企合作①；南昌工程学院结合自身的实际办学条件及社会对人才的需求状况，提出了土木工程专业工程应用型人才的定位和培养目标。

②复合型人才培养模式。"复合型人才的培养模式既不同于通才教育培养模式，也不同于专才教育培养模式，它是20世纪80—90年代以来，随着社会发展对复合型人才需求的不断增加而出现的一种人才培养模式，是指通过修读第二学历（学位）或辅修跨学科的其他专业等途径，使本科生获得本专业以外第2个（甚至第3个，但极少）专业的基本知识和基本技能，成为能适应跨专业、跨学科工作和研究的复合型人才。"复合型人才的优势在于它的适度，它既避免了专才的"过窄"，又避免了通才的"过宽"，它既有较宽的基础和相关知识，又有较深的专业才能，从而使它更具创造性和适应性。由于种种原因，我国普通高校（尤其是地方的、一般的高校）目前还不可能全面选择通才教育的培养模式。相比之下，宽基础、多方面的培养模式和复合型人才培养模式更适合我国高校目前的实际情况。21世纪初，南京大学提出了建设"综合性、研究型、国际化"世界高水平大学的目标。南京大学将人才培养的目标确定为两个方向：一是以世界科学发展趋势为目标，培养高层次、厚基础、少而精的基础性人才；二是主动适应社会政治、经济、科技、文化的多元化需要，培养大批知识面广、能力强的复合型、应用型人才。

③创新型人才培养模式。创新精神与创新能力是21世纪人才培养的重点，并日益成为当今社会进步、经济发展和科技竞争的决定性因素。为适应社会发展的要求，近二三十年来，创新人才的培养已为各国教育所重视，成为各国教育改革的基本趋势。所谓创新人才培养模式是指建立在素质教育和学生个性发展基础上，采取各种教育手段，培养学生创新素质，提高创新能力和水平，最终以培养适应21世纪需求的创新性人才为目标的高等教育模式。东南大学提出了优才优育培养模式、交叉复合培养模式、产学研合作培养模式、国内外联合培养模式、柔性化培养模式、敏捷性培养模式等集成创新培养模式；武汉大学提出"三创教育"的新理念，注重培养学生的创新、创造与创业能力，以培养"厚基础、宽口径、高素质、创新型"人才为目

---

① 陈紫. 应用型本科院校校企合作模式的调查研究 [J]. 高校教育管理, 2009, 3 (6): 42-48.

标，积极探索适应经济与社会发展的人才培养模式；武汉科技学院提出"1＋N人才培养模式"（1即品学合格，N即学生个性和特长），推行"大学生自主素质拓展工程"，健全学生人格塑造体系、知识学习体系和能力培养体系，高度重视学生创新精神和竞争意识的培养，因材施教，促进学生个性和特长的发展，激发学生的创新意识和竞争意识。

④多样化的人才培养模式。人才培养模式多样化，既是社会经济发展对各级各类人才的现实要求，又是高等教育大众化的必然趋势，还是发展学生个性、培养创新人才的迫切需要，因而，人才培养模式多样化是社会、学校和学生的共同需求，是高等教育发展的必由之路。多样化的人才培养模式更能体现学生个体的差异和具体要求，有利于实施因材施教，促进个性发展。确立学生作为教学主体的地位，增加教学管理的柔性与灵活性，使学生能够根据自身兴趣、爱好及社会对人才的要求，自主设计自己的发展方向，从而更好地满足社会主义市场经济对各类人才的需求。因此，不少学者强调学生个人因素对多样化人才培养模式构建的影响。"在多样化人才培养模式构建的改革实践中，要充分发挥大学生的主体意识，这是因为，任何模式的实行最终都要通过学生这个主体来实现，仅有老师的积极性而没有学生的主人翁意识和主动参与，改革是难以获得成功的。"

西南交通大学将办学目标定位于"高水平研究型大学"。随着社会的发展和高等教育大众化进程的到来，该校开展了"瞄准研究型大学人才培养目标，构建多样化人才培养模式和个性化人才培养方案"的研究与实践；浙江大学在本科教育上确立了"以人为本、整合培养、求是创新、追求卓越"的教育理念，并提出了在强调知识、能力、素质并重的前提下，构建"3M"（多规格、多通道、模块化）人才培养框架为基础的宽、专、交人才培养体系，全面推进学分制，实施文理渗透、理工结合、多学科交叉培养的多样化、高素质人才培养模式；中南财经政法大学经济学院实施了院系"631工程"，通过"全面教育—分流培养—业前实践"3个递进阶段的运作方式，力求学生毕业时做到：60%的学生成为一专多能的人才，实现高质量就业；30%的学生在国内继续深造；10%的学生在国外继续深造。

理工科院校在人才培养模式的研究上力度较大、成果较多。教育部在2000年启动了"新世纪初高等教育教学改革工程"，其中在人才培养模式改革上有典型意义的是长春工业大学等三校共同承担的《地区性院校理工科本科人才培养模式多样化的研究与实践》项目，其中已实践的多样化模式

第一章 绪 论

包括：按学科培养的"通才基础上的专才型"模式、"大类通才复合型"模式，按社会需求设计的"工程技术型""科研设计型""技术管理型"模式，"高级技术应用型"模式，"3+1"模式，"产学研一体化"模式等。理工科院校不断创新人才培养模式，并把这些培养模式相互贯通，与专业特色结合，形成了新型的人才培养模式。教育部开展了财经政法类院校应用性经济学、管理学和法学人才培养模式教学改革项目；南京大学地学院提出了地球系统科学创新人才培养模式探索与实践；清华大学信息科学技术学院电子工程系、计算机科学与技术系和自动化系提出宽口径专业教育，培养基础厚、专业面宽、具有自主学习能力的复合型人才；北京理工大学信息工程专业的培养目标定位为"基础扎实、知识面宽、素质全面、创造力强的研究发展型人才"。此外，还有学者针对各特色专业提出构建高等医药院校复合型人才培养模式，对培养宽口径、厚基础、精专业的创新性"复合型"图书馆学人才的思考、医学类专业提出的 LAW 培养模式。一些学者进一步指出，21 世纪的高等工程本科教育将以培养高素质的"创造型""复合型""个性型""开放型""国际型"的特色人才为目标。

尽管文史哲等学科也意识到了人才培养模式的重要性，但尚未形成系统的理论。

在人才培养目标的确定上，从市场需求来分析我国高校人才培养模式改革的目标，使得高校的人才培养模式改革更具有针对性。1998 年，武汉大学在全校开展了"社会究竟需要什么人才"大型用人单位市场问卷调查，通过实证研究，进一步确定了以培养"创新能力"为主要目标的高等教育改革方向；在上海金融学院于 2007 年 5 月主办的以"应用型金融人才培养模式"为主题的高层学术论坛上，上海金融学院提出了"复合型、应用型、创新型和国际化"的人才培养定位；上海、深圳的 8 家高新技术企业高层访谈中，指出高校特别是理工科大学在加强科学创新人才培养的同时，应重视和认真调查研究现代企业特别是高新技术企业对高素质工程技术人才的要求，并参考国外著名理工科高校的成功经验，在课程结构、教学内容、培养模式和师资结构等方面，进一步深化改革。

还有学者从高等学校人才培养模式的社会变革走势特点，着重探讨未来新型人才培养模式，提出"KAQ"人才培养模式或"A"型人才培养模式结构，即由知识（Knowledge）、能力（Ability）和素质（Quality）3 个基本要素构成的稳定关系的人才培养模式。只有知识、能力、素质这三者的有机结合、协调发展的"A"型模式，才是最稳定的结构模式，才是现代新型人才的最佳方案。①

从以上分析可以发现，研究型大学的人才培养目标定位相对较高。都提出了要培养高层次、高素质的优秀人才；都注重培养学生的创新精神和创新能力；都坚持"宽口径，厚基础"的人才培养理念，加强学生的通识教育。而地方本科院校则更强调复合型、应用型的人才培养。

但是，需要注意的是，各高等学校办学条件不同、生源情况不同、就业环境也不尽相同，所以在具体的人才培养模式上，各院校甚至不同的专业都应该根据自身的实际情况选择适当的人才培养模式。充分认识本科基础性教育的特点，加强基础理论教学，下大力气加强和改进实践性教学，并根据各院校的实际情况制定适当的人才培养模式，才能真正落实本科教育"培养……人才"的人才培养目标。

大学生就业难根源在学校，因为他们不考虑社会需要，导致专业人数过多、专业培养模式与市场需求严重脱节、"高等教育的定位与产业结构的需要错位"。② 在毛入学率高达22%的中国，学校、家长和学生依旧是原有的精英意识。"普通专科学校也向培养高级人才的方向靠拢"。据统计，全国有326所学校设立经济学专业，510所学校设立法学专业。

1999年以来，本为延缓就业压力而实行的缓兵之计——扩招，制造了巨大的"教育泡沫"，没有考虑师资和需求的实际状况，促使院校攀比升级，一个专科院校短短数年就可以发展成为一所综合性大学。专业同质化、教育过剩、师资不足、生源素质下降、专业设置脱离需要，在人力资源社会保障部劳动科学研究所主任张丽宾看来，这些因素造成"地方院校走出来的专科学生成了真正就业困难的大学生"。

（2）依照人才培养的方案制定

人才培养目标的多样化，使得人才培养的制度模式包括的内容更为广泛，也对人才培养方案的制定提出了更高的要求。培养方案是对培养目标的细化设计，包括人才的知识结构、培养环节、课程体系（其他教学环节）等。它是人才培养模式的核心要素，是对人才培养过程的静态表达。

---

① 侯沛勇，杨思博. 高等学校人才培养模式改革与德育研究［J］. 西北工业大学学报（社会科学版），2000，20（4）：56-58.

② 任波，兰方，刘冬，等. 大学生"就业难"真相［J］. 财经，2009（13）：76-81.

第一章 绪　论

第一，从培养方案的内容上看，高等教育的人才培养模式有专业教育和通识教育之分。专业教育重视对大学生适应社会需求的技术培养，通识教育则强调人的全面发展。两种不同的教育理念形成了不同的人才培养模式。以美国为代表的人才培养模式旨在实现专业教育通识化，通识教育专业化的目标；以欧洲国家为代表的人才培养模式强调通识教育与专业教育并重的理念；以我国为代表的人才培养模式是以专业教育为主，通识教育为辅的现状。考虑到长远利益，我国高等院校必须从现在开始理顺专业教育与通识教育的关系，促使二者之间互相开放，注重融合，形成一个双赢的人才培养模式。[1] 目前，我国在人才培养方案的理论研究上，学者口径非常一致，即强调拓宽专业领域，实现专业教育与通识教育的统一。很显然，这是在配合培养目标"厚基础、宽口径"的改革。但这种改革在中国[2]及全世界的大学都阻力重重。[3]

第二，在学制设置上，不同大学出现"X + X"模式。例如：

① "2 + 2"的分段教学法，即新生入校一般不分专业，前2年集中学习通识课程，后2年再分专业学习专业基础课程和专业课程。

② "1 + 3"模式，即新生集中教学、集中管理，实行1年的通识教育，1年后再实行分专业教学。复旦大学提出组建文理学院，希望新生能从不分专业管理过渡到不分专业入学；浙江大学要求新生全部要修满48个学分的通识课程。

③ "3 + 1"模式，指前3年学生在校学习公共基础课程及相关专业理论知识，后1年主要在实习单位完成生产实习教学任务，进行毕业设计或撰写毕业论文，参与实习单位的开发研究工作。

④ "2.5 + 1.5"模式，利用前两年半进行公共基础课和专业基础课学习，剩下的一年半时间进行专业必修课、选修课的学习和毕业论文的撰写。

⑤ 浙江省则在省属高校中推出了另一种"2 + 2"模式。该模式通过选拔优秀二年级本科生进行转校学习，促进了优质教育资源的互补和复合型人才的培养。

⑥ "3 + 3"或"4 + 2"的本硕连读模式。

---

[1] 谭小芳. 专业教育、通识教育与人才培养模式 [J]. 湖北社会科学，2010 (11)：170 – 172.
[2] 刘祥辉. 通识教育在我国大学面临的实践困境和对策 [J]. 当代教育论坛（校长教育研究），2008 (5)：43 – 44.
[3] 刘东. 全球化时代通识教育的困境 [J]. 新华文摘，2010 (20)：110 – 112.

第三，在课程设置上，不同大学出现"X+X"模式。学制之变表面是1年与3年，或者2年与2年的时间安排上的变化，实质却是课程的变化，打破专业限制，不分文理先学习基础课，所有的课程重新安排和改造。

复旦大学另辟路径，一年级学生面对共同的课程，划分为"学养拓展计划""大学导航计划""公民教养计划""知识补习计划"4个方面。

浙江大学的通识课除了外语、计算机、第二课堂、思政、军体外，其他分为历史与文化、经济与社会、科学与研究、文学与艺术、沟通与领导、技术与设计6类。

以大类培养的武汉大学、北京科技大学、北京大学、清华大学等学校，在前两年上大类基础课和介绍专业前沿的同时，会请专家、名师、教授给学生做讲座，介绍大学及相关内容。还有学者提出了"一体两翼"式教学模式体系，所谓"一体"，即学生主修的一个宽口径的专业；"两翼"设计的宗旨是科技人才的主观素养培育得以具体运作，"一翼"是指知识结构的总体设计，另外"一翼"是能力结构的设计。

湖南科技学院计算机与信息科学系提出了"1+2"动态人才培养模式，即突出一个专业基础、两个应用方向（主辅修方向），多方向、多层次培养，采用分流机制，突出个性发展。

南京大学推出了形成"融业务培养与素质教育为一体、融知识传授与能力培养为一体、融教学与科研为一体"的全新的"三位一体"人才培养模式。

西南交通大学将课程分为人文社科基础、自然科学基础、学科基础和专业课程4个模块，弹性学分比例接近总学分的10%，学生可根据自己的学习基础、兴趣及未来的发展方向择取难易程度不等的课程，构筑个人培养方案。

清华大学本科教育在"强基础、宽口径"的人才培养理念指导下，推进以通识教育为基础的宽口径专业教育，积极探索综合和交叉学科人才的培养，重视学生个性的发展，推行"大学生研究训练计划"（Students Research Training, SRT）。

宁波大学提出"平台+模块"人才培养模式，构建了"两平台+N模块+拓展"课程教学体系，即公共课程平台+学科基础课程平台+N个专业方向课程模块+素质拓展课程体系。平台是一种框架结构，是学校对各专业公共基础课程设置和学分的统一要求，既包括理论性课程，也包括实践类课程或环节，为学生全面了解信息学科、具有宽厚的专业基础或再次选择专业方向提供可能和保证，是高校人才培养模式的制度建设上值得重视的经验。

另外，还有"师徒制""导师制"等人才培养模式。

（3）服从办学模式的性质决定

办学模式是兴办和经营管理学校的体制机制的特定样式，是由办学资源的特殊属性及特殊组织结构形式所决定。高等学校的办学模式通常是指办学目标、投资和办学方式、教育结构、管理体制和运行机制等内容，它是在特定经济社会环境中，在某种办学理念支配下逐步形成或经过选择的产物。目前我国已经形成了"共建模式""合并模式""联合模式""民办模式""国有民办模式""一校两制模式""多校区办学模式"的多元开放办学格局。

近10年来，最具特色的办学模式是独立学院的出现。独立学院是指具有独立法人资格、独立校园、独立招生计划、独立毕业证书、独立财务核算这5个"独立"的院校，是公办普通高校与社会力量联合办学的一种高等教育机构。是适应人才培养模式创新而出现的一类新机制、新模式高校，也是"我国高等教育改革与发展的重大举措"。它和普通高校按公办机制和模式建立的二级学院、"分校"或其他类似的二级办学机构有着显著区别。把公办高校优良的教学传统、教学资源与管理模式同社会力量拥有的资金、办学积极性，尤其是灵活的、有效率的民营机制相结合，是独立学院区别于公办高校和纯粹民办高校的一个重要特征，也是其优势所在。

在培养目标上，独立学院的定位是培养应用型、复合型的人才。例如，浙江大学城市学院把学院的培养目标定位为强调实践应用能力与一定的科研能力有机结合，专才教育与通识教育结合的高素质、应用型创新人才；西安科技大学高新学院以培养"应用型、高素质，适应经济社会发展需求的专门人才"为目标；成都理工大学工程技术学院以培养工科为主、经管文协调发展的应用型和创新型高级专门人才为目标；武汉科技大学中南分校强调人才培养的"素质教育"，提出"成功素质教育思想"；四川师范大学文理学院提出培养"德智体美劳全面和谐发展，知识、能力、素质协调发展，既具有科学精神又具有人文素养的复合型应用人才"。但是，独立学院应用型、复合型人才培养目标与职业教育的应用型培养目标看起来很类似。以地方院校为母体的独立学院被认为"是一种带有高等职业教育鲜明特征的应用型本科教育"。例如，黑龙江东方学院直接认为民办普通高校具有职业教育的性质，即为国家培养在生产、管理、服务等第一线工作的专门人才。在现行的招生制度下屈居"三本"，其生源质量介于专科之上、普通本科之下。其人才培养模式是套用普通本科，还是套用专科或职业技术教育学院人才培养模式，或者是在二者之间寻找一种有别于二者的全新模式呢？这是问题的关键，解决这个问题已迫在眉睫。独立学院在这一方面进行了积极的探索，主要集中在两个方面，一是培养内容的创新；二是培养过程的创新。人才培养体系的核心是课程体系和课程内容。应用型本科宜拓宽专业口径，淡化专业界限，按大类专业构建知识能力和素质教育平台，设计以就业为导向，快速适应人才市场需求的人才培养方案。独立学院人才培养过程的创新包括方式、方法的创新及各个环节的有机配合。根据应用型人才培养模式的要求，独立学院需要丰富实践教学内容，采用多种形式的教学方法和教学手段。构建以职业能力培养为主线的实践教学体系，建立一个包括基本技能层、专业工作能力层和工程实践与创新能力层的递进式、开放式的实践教学体系，是各独立学院研究的重点。

企业和高校合作办学也是一个特色办学模式。目前推动这种模式最有效的方式是职业教育。在高职院校与企业合作过程中，一般有课程置换、专业共建、就业培训、"2+1"等模式。这是在以就业为导向下推动的结果，发展较快，被认为是职业教育发展的生命线。目前，由于出现技工荒，加之企业用工不规范，许多学校办学急功近利，抱着"萝卜快了不洗泥"的思想，在学生没有完成教学计划、没有接受系统的专业技能训练的情况下，就一蹴而就地仓促安置就业，这种不负责任的态度，严重损坏了学校的社会声誉和学生的自身利益。随着经济发展方式的转变、产业结构的调整升级、企业生产技术的持续革新，这种办学思路迟早会被市场淘汰。学校是培养人才的地方，职业学校要承担对学生进行专业技能培养和职业道德思想养成教育的职责，只要是学生出了问题，无论是职业技能差、思想不稳定或缺乏吃苦耐劳精神等，都可以追溯职业学校的责任。①

该模式还演化到其他用人单位与高校的合作中。例如，国家多个部门联合行动，推出政法干警招录培养体制改革试点。该项改革的效果如何，还有待进一步评估。

产学研合作作为一个典型的办学模式，在人才培养过程中显示出有别于

---

① 邓殿栩. 校企合作办学的实践与探索 [J]. 现代教育, 2011 (Z3): 11-12.

第一章 绪 论

传统人才培养模式的优势和特点。它对于突破单一的学校育人环境、完善学校的教育功能是十分有效的。产学研合作办学的基本内涵可以概括为，它是一种以培养学生的全面素质、综合能力和就业竞争能力为重点，充分利用学校与企业、科研等多种不同的教育环境和教育资源及在人才培养方面的各自优势，把理论学习和实践活动较好地统一起来。因此，产学研结合的教学方法是培养创新人才的有效途径之一，是培养具有全面素质人才的有效模式。

教育部在《面向21世纪教育振兴行动计划》中将"产学研合作教育培养创新人才的实践与探索"列为重点课题，由世界银行贷款给予有力支持。我国在开展产学研合作教育试点实践的同时对产学研合作教育的理论进行了十分有益的研究和探索。许多高校成立了"产学研合作教育研究课题组"。不少专家学者和实际工作者对产学研合作教育在理论及实践中遇到的实际问题进行了深入的研究，发表了大量研究论文。"八五"和"九五"期间，全国教育科学规划领导小组都将产学研合作教育的研究列为重点课题给予立项。

上海工程技术大学是我国开展产学研合作教育较早和规模较大的学校。1985年，利用中国和加拿大政府间合作项目，第一次在我国使用"产学合作教育"这一名称进行产学合作教育的试点。

清华大学科学技术开发部作为清华大学与国内企业科技合作的具体管理部门，提出了"校地联合主导、校企共同受益"模式；西北农林科技大学以农业产业化为核心，提出"科技＋公司＋农户"的模式；株洲工学院提出"四个结合"的办学方针，把实习教学与生产劳动相结合、学校教育与企业教育相结合、培养学生工作能力与培养学生工作素质相结合、实践经验与开阔学生科技视野相结合。

河北经贸大学在市场营销学的教学实践中，探索出一套"四位一体"的教学模式，把"611"教学模式、全程导师制、"仿真营销决策模拟"、社会实践教学4种教学方式有效结合。还有一些学校把普遍应用于高职教育及一般职业教育的"订单式人才培养模式"应用于自身的人才培养之中。沈阳工程学院计算机专业从2005年起尝试与企业合作实施订单式人才培养，为本科院校教育模式创新提供了借鉴。也有专家提出"志愿者式"人才培养模式。所谓"志愿者式"培养模式，简单来说是指校方主动深入企事业单位，了解其存在的需要帮助解决的问题，学校根据专业教育情况，提供无偿服务。

在产学研的研究中，借鉴国外经验也是研究的重点。

①"导师制"（Tutorial System）起源于英国，是指组织学科带头人和大批教学、科研的骨干教师，在本科期间或高年级本科生中定点定人进行因材施教的制度，以提高学生的思想道德素质、文化素质、专业素质和分析解决问题、适应社会竞争及工作的综合能力，特别是培养学生的创新精神和实践能力，促进学生知识、能力和素质的协调发展。山西中医学院从2005年10月开始着手准备在中医专业医学英语方向的学生中实行导师制培养模式的实践，并指出导师与学生采用双向筛选办法是较为适宜的；中南财经政法大学财政税务学院率先对2001级本科生实行了导师制，该院的近40名教师对150余名大三学生从思想、学习、生活、科研、就业、考研等多方面给予了精心指导。

②"FT模式"，这是借用德国应用型科学大学"3+1"人才培养模式提出的，它的基本构架是：本科理论教学3年，实践体验教学1年。

③"311"模式，这与英国的"三明治"培养模式异曲同工，是指学生3年在校学习理论，1年到企业（社会）进行实践，接受企业（社会）考查，再用1年进行毕业设计（论文），毕业设计（论文）题目与企业（社会）实际密切结合。

④"IBL"（Industry based Learning）人才培养模式，是近年来国外新兴的一种人才培养模式，是基于工业需要的学习。这种模式主要是针对四年制的本科学生，4年学习中前2年在校内学习，第3年到工作岗位（教学实习单位）工作1年，第4年返回学校再学习1年。

⑤还有学者提出人才国际化的概念，着力构建国际合作模式，并把高校人才的国际化进程分为两个方面，一是人才培养模式的国际化；二是人才使用模式的国际化。

无论独立学院、校企结合、产学研结合、"订单式"培养这些模式如何变化，都是在为就业打造的所谓的"应用型"人才而设计，是否有利于人才的自身发展、是否真正能适用社会需要、是否更具竞争力，还有待时间检验。例如，西安科技大学高新学院提出多样化的人才培养模式，构建了以学分制为主的"两段制培养模式"、为了适应高等教育国际化的新形势的"2+2"中外合作培养模式、根据企业实际岗位需求培养1+N复合型技能人才的多样化人才培养模式。事实上，社会用人的"血统论""学历至上"

造成"三本"学生就业的极大困难。①

（二）国外人才培养模式理论综述

国外并没有明确提出"人才培养模式"这一概念，因而国外关于大学人才培养模式的直接研究较少，更多是渗透在大学教育教学中进行探讨和分析。

1. 美国本科人才培养模式：追求生活适应性

美国是一个高度分权的国家，本科教育人才培养模式一贯由各大学自行决定，政府只是起到导向作用。美国比较注重培养"养成综合适应能力的人"。作为实用主义的发源地，美国的高等教育深受其影响。美国的高等教育也一直以培养社会所需人才为首要目标。哈佛大学的多元人才培养模式认为，学校除了培养学生的学科才能之外，还应发掘学科以外的才能；哥伦比亚大学的宽口径人才培养模式给学生提供一种促进创新思维的知识，鼓励学生跨越本身学科，在通识教育的基础上思索问题，使学生能够具有学科范围之内与之外的思考能力，通过知识广度与深度的结合，在变化的世界中能做出复杂的选择；麻省理工学院的"双元制"人才培养模式是指学生的一部分学习在学校，另一部分技能培训在企业，即培训由企业和职业学校负责，麻省理工学院的人才培养模式吸取了"双元制"的精髓，即重视学生的动手能力，培养社会发展所需要的人才。

---

① 独立学院在一定程度上填补了我国高等院校分类体系中本科教学型、应用性教育的空档。独立学院人才培养目标的确定，不仅要适应社会发展和经济建设的需要，而且还要从学院的实际出发，从学生的实际出发，确定有别于一本、二本生源学校的办学理念和人才培养标准，建立一套符合三本生源实际的人才培养模式和评价体系。

独立学院一般按"通识基础＋专业提高＋综合实践训练"的模式构建课程体系，也就是把课程分为公共基础课程、专业基础课程、专业方向课程、实践教学环节四大基础模块，在此基础上根据各自学校和专业的特色进行模块化设计。通过课内与课外两种教育形式来培养学生的应用能力，体现应用型人才培养目标。也有提出构建"大平台＋小模块"的理论教学体系。大平台包括公共课（通识教育）平台和专业基础课平台。小模块指专业方向模块，这是按市场需求灵活设置的一个弹性模块，以拓宽就业渠道，适应市场多变的需要。例如，武汉科技大学中南分校根据"成功素质教育思想"，以财经类人才培养为例，从时间安排角度，提出了"5＋2＋1"的人才培养模式；电子科技大学中山学院将电子信息类人才的培养作为学院发展特色，以应用型人才培养为目标，设置"2.5＋1.5"宽口径人才培养模式；浙江大学城市学院计算机科学与技术系、武汉大学东湖分校等则探索"211"人才培养模式；四川外语学院成都学院构建了注重素质教育、融传授知识、培养能力与提高素质为一体，富有时代特征的"1＋N"人才培养模式，即一个文凭＋多个证书。

2. 日本本科人才培养模式：崇尚个性与创造性

日本在1998年的大学审议会发表的《21世纪的日本大学及今后的改革对策》报告中指出："今后高等教育方面，要以初中等教育阶段旨在培养'自主学习、自主思考的致力'为基础，转为着重培养学生的课题探索能力。"虽然不同的大学有不同的培养模式，但培养目标只有一个，就是"培养探索与有创造能力的人才"。例如，早稻田大学的人才培养目标是"形成学生的批判精神和进取精神，学问活用的模范公民"。

3. 英国高校人才培养模式：强调人的因素

英国高校认为人是第一位的，始终把培养高水平人才放在学校工作的首要位置，把能培养出国际公认的杰出人才视为最高标准。在培养方式上，英国的高校沿袭了已有800多年历史的导师制，特别注重教师与学生的交流互动过程。导师在与学生的交流过程中，学生不仅要在课堂上听讲和记录教师讲授的内容，还能在课后广泛阅读和深入研究；学生不仅要独立思考、提出疑问、钻研理论知识，还要具备与教师交换意见并解决实际问题的能力。在培养目标上、在注重培养学生全面掌握学科知识的基础上，强调培养学生具备分析问题、解决问题的能力。注重培养创新型、"求疑求异型"人才，并认为是否有创新能力不一定取决于知识要素的品质或多寡，而是取决于是否善于运用知识要素形成能产生创新能力的智慧。

人才培养模式也属于西方国家高等教育学的研究范畴。以高等教育发达的美国为例，研究注重的是发现而不是思想，尽管某些模式颇有见解。① 对高等教育中的重大变化及新发展涉及很少，大学必须贯彻的教育政策——合理的措施和决定常被忽视，研究几乎全都是描述性的而不是指示性的。② 在研究方法上，从固守的社会科学研究方法到接受自然科学研究方法，有以下几种：①盖洛普法。通过民意测验，对态度和行为模式进行精心分析。②韦伯法。设计原始模型或模式，预测一种结构或行为形式。③孔德法。仿效孔德，采用自然科学和数学的方法测定小型的受控制的事件和行为结果，论证社会性事件发生的规律性。④咒语法。调查者陈述一种问题或缺点，然后预

---

① 研究者们似乎满足于重大问题留给联邦或全国性的委员会去研究、解决。2008年7月，美国教育部召开"高等教育峰会"，会议的关键词是改革，主题是完善联邦政府助学金申请制度，而目标则是要提高美国学生进入大学、读完大学的数量。

② 黄新昌，穆义生. 不结果实的树：美国高教研究中面临的问题[J]. 高等教育研究，1989（2）：96-98.

第一章 绪 论

测一种"有意义"的反应。但是，这并不能说明高等教育的研究活跃，对高等教育面临的真正紧迫的问题谈及很少。热衷于研究方法（通常被错误地当作一种方法论），却避开更重大的教育问题不谈。对细碎问题的研究缺乏成效，如成人教育，学习借款，学生动态，少数民族非裔、亚裔、西班牙语籍入学与学业成就，研究生教育新模式，非西方和非犹太、非基督教文化知识，以及大学管理等。除此之外，高等教育界的领导对大学的机构、学生，以及高等教育在社会中正在变化着的地位一直很少需要做基础性的研究，而满足于微观的补充性调查工作。因此，高校自身一直没有受益于高教研究的成果。

2006年，美国高等教育未来委员会发布《对领导能力的检验：规划美国高等教育的未来》报告，认为高等教育还存在一些问题，太多的美国人得不到他们需要的、应得的教育；高中与大学衔接不上，导致高中毕业达不到大学的要求；大学毕业生实际上并没有能够掌握阅读、写作和思考的能力。为了解决这些问题，美国高等教育委员会提出4个方面的解决措施：①途径（Access）的问题，强调高校与高中加强沟通；②支付学费（Affordability）的问题，主要关注低收入家庭是否上得起学的问题；③教学质量（Quality）的问题，主要通过敦促高校采用创新的理念去寻求新的教学方法，提高教学质量；④信息透明（Accountability）的问题，强调高等教育机构应该运用质量评估的数据评价学生的学习，并且这些数据应该向社会公开。

教育部制定具体的措施有以下几点：第一，简化联邦学生助学金资助免费申请的程序，要在高中毕业之前，就告知他们是否有资格申请助学金；第二，建议高校考虑采用标准化考试及其他方法，以提高其质量、提升公信力，扩充现有的"高等教育综合数据管理系统"，努力推动对各个高校的评估，使公众更有效地比较各个大学之不同。[①]

美国教育部于2005年提出实施"国家综合战略"的政策动议，同时成立了"高等教育未来委员会"，负责发展"国家综合战略"。美国原总统布什签署《美国竞争力计划》等3项法令，与教育部的《美国高等教育行动计划》共同构成了美国世界一流大学战略的基石。

美国世界一流大学的措施体现在以下3个层面：①在政策层面，通过制

---

① 郭英剑. 美国召开高教峰会规划高等教育未来[J]. 中国高等教育，2008（22）：61-62.

新时代高校人才培养模式的理论与实践

定、颁布和贯彻一系列政策文献，积极发挥联邦政策的导向作用，引导高等教育向着提高质量和竞争力的方向发展；②在经费层面，联邦政府通过财政预算为"国家综合战略"提供巨额的经费支持；③在技术层面，通过开发新的教学论、新的课程和新的技术推动美国学院和大学的不断创新及质量的不断提高。

这给我们带来了几点思考和启示。第一，世界一流大学建设是一项系统工程和综合战略，需要初等教育、中等教育和高等教育的配合和努力；第二，政府的角色主要是政策制定者、资金供给者和外部服务者，不能越界干预大学的内部事务；第三，重点建设有限学科是建设世界一流大学的突破口，坚持有所为有所不为的基本原则；第四，大学自身在教学理念、课程设置、教学方法、科研机制、评估体系等方面的改革和创新才是提高大学质量的根本。①②

不难发现，从以上发达国家的实践中，人才培养模式研究的特点有以下几个。

第一，国外在理论上并不重视关于"人才培养模式"的研究，或者说仅仅是隐性的研究。原因是西方大学尤其是百年以上的老校，坚守传统，在制度建设中已经形成相当成熟的人才培养风格和特点，因此压缩、减少了对模式理论讨论的空间。

第二，国外的高等教育学领域的学者认为，人才培养是与社会对人才的基本素质需求息息相关的，不同时代对人才的素质要求也不尽相同，随着经济、政治、社会、文化的发展，大学的人才培养模式需要不断地进行变革和创新，西方大学的人才培养也出现了不同程度的危机，学术界已经开始关注该问题。虽然缺乏类似论文或著作，但从关于高等教育的咨文、报告也能看到这一明显趋势。

第三，从文献来看，人才培养模式的研究没有完整反映培养的规律性，而是把重点放在"人才素质""人才规格"上，导致人才培养模式等同于人才模式，目的与手段没有区分。

---

① 陈超. 美国的世界一流大学战略与启示［J］. 中国高教研究, 2008（11）: 48-50.
② 闫维方. 对《美国高等教育行动计划》的解读［J］. 中国高等教育, 2007（3）: 13-15.

四、研究方法及篇章结构

（一）研究方法

1. 系统分析法

系统分析方法来源于系统科学。系统科学是20世纪40年代后迅速发展的一个横跨各个学科的新科学部门，它从系统着眼点或角度考察、研究整个客观世界，为人类认识和改造世界提供了科学的理论和方法。它的产生和发展标志着人类的科学思维由主要以"实物为中心"逐渐过渡到以"系统为中心"，是科学思维的一个划时代突破。

系统分析方法是指把要解决的问题作为一个系统，对系统要素进行综合分析，找出解决问题的可行方案的咨询方法。兰德公司认为，系统分析法是一种研究方略，它能在不确定的情况下确定问题的本质和起因，明确咨询目标，找出各种可行方案，并通过一定标准对这些方案进行比较，帮助决策者在复杂的问题和环境中做出科学抉择。

系统分析法也是管理科学中咨询研究的最基本的方法。把一个复杂的咨询项目看成系统工程，通过系统目标分析、系统要素分析、系统环境分析、系统资源分析和系统管理分析，可以准确地诊断问题、深刻地揭示问题起因、有效地提出解决方案和满足客户的需求。

2. 多学科研究法

研究对象的多层次、系统性决定了研究方法的结构性。高等教育学的多学科研究方法不是意味着方法的任意性和无序性，而是特定结构的方法组合。伯顿·克拉克主张以历史的观点、政治的观点、经济的观点、组织的观点、文化的观点、社会学中地位的观点、科学社会学的观点和政策的分析的观点，从多学科的角度对高等教育进行"照射"、观察、研究。人才培养模式是高等教育研究的重要范畴，作为一种"事理研究"，包含价值、事实、行为三大方面，通过这种有结构的多学科高等教育研究方法分析高等教育学研究对象的特性，探究人所做事情的行事依据和有效性、合理性，既要说明是什么，又要解释为什么，还要讲出如何做。①

---

① 克拉克. 高等教育新论：多学科的研究［M］. 王承绪，徐辉，译. 杭州：浙江教育出版社，2001.

3. 解释结构模型法

解释结构模型法（Interpretative Structural Modelling Method），即 ISM 方法是现代系统工程中广泛应用的一种分析方法，是结构模型化技术的一种。它将复杂的系统分解为若干子系统要素，利用人们的实践经验、知识及计算机的帮助，最终构成一个多级递阶的结构模型。此模型以定性分析为主，属于结构模型，可以把模糊不清的思想、看法转化为直观的、具有良好结构关系的模型。特别适用于变量众多、关系复杂而结构不清晰的系统分析中，也可用于方案的排序等。它的应用面十分广泛，从能源问题等国际性问题到地区经济开发、企事业甚至个人范围的问题等。它在揭示系统结构，尤其是分析教学资源内容结构和进行学习资源设计与开发研究、教学过程模式的探索等方面具有十分重要的作用，它也是教育技术学研究中的一种专门研究方法。

4. 实证研究法

实证研究法是通过收集、观察资料，运用数理实证和案例实证，为提出理论假设或检验理论假设而展开的研究方法。实证研究具有鲜明的直接经验特征。本书首先对我国高校人才培养模式的现状进行问卷调查，通过对样本数据的统计分析，以期发现人才培养中存在的问题；其次对教师和学生两类不同样本数据的统计结果进行比较分析，分析他们观点的异同，为构建学习型高校的人才培养模式及其实现提供客观依据。

（二）本研究的技术路线（篇章结构）

如图 1-1 所示，本研究主要分析机遇与挑战并存时代的大学使命，从大学人才培养的若干悖论及创新的困境入手，确定了将大学的人才培养模式优化、改革为作为本书的研究重点；通过对大学人才培养模式相关文献进行综述，对中外高等教育理念及我国大学培养模式的沿革的回顾，结合人才培养的可持续发展要求，形成人才培养模式的理论融合，确定了以系统工程与模式系统的原理对大学人才培养模式进行研究的基本思路；在系统分析阶段，整理出人才培养模式系统的目标、要素、环境，并通过系统的涌现性对大学人才培养模式的结构、功能进行分析；在系统设计阶段，通过"I→P→O 过程模型"分析了人才培养的过程控制的反馈机制，揭示了人才培养系统的运行机理；在系统评价阶段，网络层次分析法作为人才培养系统的评价方法，构建了大学人才培养系统的评价模型；在实证研究阶段，选择有代表性的某大学作为研究对象，对大学人才培养模式优化与创新的系统分析设计与评价研究的有效性进行了实证检验；最后，本书进行了总结与展望，并指出了研究的局限性和后续研究的方向。

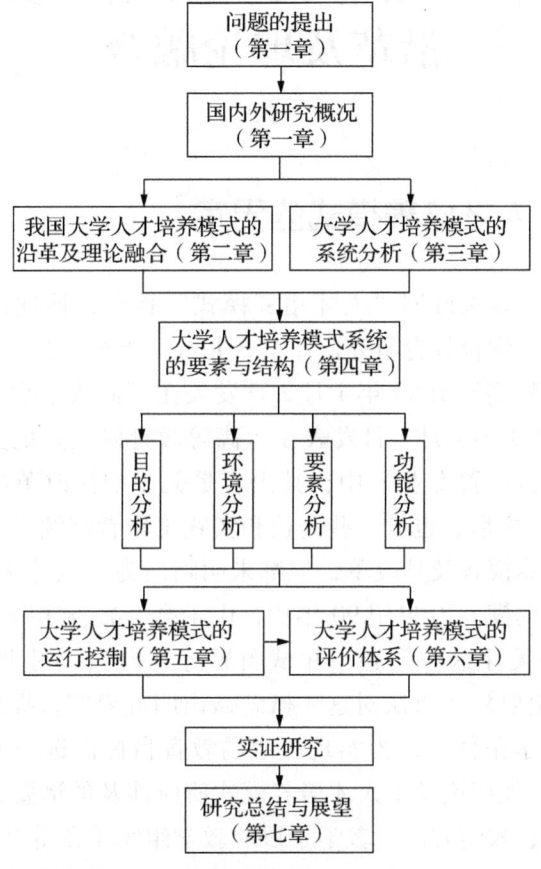

图1-1　研究的技术路线

第二章　我国大学人才培养模式的沿革及理论融合

一、大学人才培养模式的界定

在中国知网上以关键词"人才培养模式"检索，该词最早出现在《教育部部属高等工业学校教育研究协作组一九八三年至一九八五年重点课题计划表》中，该计划表于1983年4月2日发表在《高等工程研究》上。稍晚则见于文育林1983年7月2日发表在《高等教育研究》的文章《改革人才培养模式，按学科设置专业》中，其内容是关于如何改革高等工程教育的人才培养模式。① 之后，也有一些高校和实践工作者继续讨论医学及经济学等各类人才的培养模式及其改革，但都未明晰何为"人才培养模式"，对其内涵的把握较为模糊。20世纪90年代，由于高等教育实践的需要，理论工作者也逐步开始关注这一问题，并试图界定其内涵。刘明浚于1993年在《大学教育环境论要》中首次对这一概念做出明确界定，提出人才培养模式是指"在一定办学条件下，为实现一定的教育目标而选择或构思的教育教学样式"。此外，他还论及了人才培养模式所应涉及的诸要素，包括"课程体系、教育途径、教学方法、教学手段、教学组织手段等"，其中"课程体系是人才培养的核心要素，而其他要素则是为了使课程体系正确而有效的安排和施教从而使培养目标得以落到实处"。

官方的正式文献使用的是1994年国家教委启动并实施的《高等教育面向21世纪教学内容和课程体系改革计划》，其中提出，该计划所设研究项目的主要内容是：未来社会的人才素质和培养模式。教育行政部门首次对"人才培养模式"的内涵做出直接表述是在1998年教育部下发的文件《关于深化教学改革，培养适应21世纪需要的高质量人才的意见》中指出"人

---

① 文育林. 改革人才培养模式，按学科设置专业 [J]. 高等教育研究，1983 (2)：71-77.

第二章 我国大学人才培养模式的沿革及理论融合

才培养模式是学校为学生构建的知识、能力、素质结构,以及实现这种结构的方式,它从根本上规定了人才特征,并集中地体现了教育思想和教育观念"。

高等学校人才培养模式是一个由多个要素构成的互相关联、互相作用的具有培养社会需要的高级专门人才功能的有机整体,各个要素不是机械组合或简单相加,而是按照教育规律的要求联系起来的有机结构,它具有系统定义所规定的特性。据此,本书从系统科学的角度对人才培养模式的范畴进行相应的界定。

(一) 人才培养

人才培养(Talent Cultivating)就是对人进行教育、培训并使其成才的活动。与之类似的一个概念是人才开发(Talent Exploitation),即从现有人才资源中发现有能力的人,进行培养、训练,提高他们的业务技术和经营水平。开发人才是将人的智慧、知识、才干作为一种资源加以发掘、培养,以便促进人才本身素质的提高和更加合理的使用。但是,培养人才是高等教育尤其是大学首要的、具体的任务。"人的教育"不能简化为"人才培养"。组织人才培养活动必须解决7个问题:一是人才培养理念的提出;二是人才培养目标的确定;三是人才培养对象的选择;四是人才培养主体的开发;五是人才培养途径的利用;六是人才培养过程的优化;七是人才培养的制度保障。

可见,人才培养是一个系统工程,它至少包括人才培养的理念、目标、主体、客体、途径与制度等要素。

(二) 模式

模式(Pattern)其实就是解决某一类问题的方法论。① 对解决某类问题

---

① 模式有不同的领域,建筑领域有建筑模式,软件设计领域也有设计模式。当一个领域逐渐成熟的时候,自然会出现很多模式。说到预测模型,周易的64卦就是一个。它的表达特点是建立了卦象的释义场。如果仅从哲学方法论来评价,它的预测达到了全息相关的水平,这是非常高的境界。难怪一代代人乐此不疲地研究学习。杨振宁曾批评周易阻碍了中华民族自然科学的发展。的确,一个万能解释模型很容易让人陶醉于自圆其说的满足中,而不去直面客观世界。这说明模型并不一定是科学的。相反,模型更长于表达多元世界的一种可能存在,它不像科学那么绝对,强调上下文的语境。这时把模型(Model)称为模式(Pattern)似乎更为合适。例如,社会学家费孝通的名作《江村经济》,通过一个村落的生活,我们犹如在显微镜下看到了整个中国的缩影。现在我们常听到所谓"某某"经济发展模式,也是一种模型,比起铁的逻辑论证,它显得从容不迫、言简意赅和包容通达。

35

的方法总结归纳到理论高度,那就是模式。① 提出"模式语言"(Pattern Language)的著名建筑师克里斯托弗·亚历山大(Christopher Alexander),对模式(Pattern)的定义是"每个模式都是一个由3个部分组成的规则,它代表了特定背景(Context)、特定问题(或力系,System of Forces)及特定解决方案[Solution,指解决问题(如平衡各力系)的特定构造或配置(Configuration)]之间的关系。概言之,模式是存在于世界中的事物,同时是告诉我们如何创造这个事物及何时必须创造它的规则。它既是过程(Process),又是事物(Thing);既描述了有活力的事物,又描述了产生事物的过程"。② 每个模式都描述了一种在特定背景中重复出现的问题,以及该问题解决方案的核心所在,通过这种方式,可以反复使用那些已有的解决方案,不需要再重复相同的工作。③ 具有不同含义的"模式"如表2-1所示。

(三)人才培养模式

对于人才培养模式(Pattern of Talent Training)外延的研究要早于对内涵的界定,在外延范畴上也分为狭义论和广义论两类。狭义论者认为人才培养模式外延指的是"方式和过程",将人才培养模式同其他要素共置于教育教学改革范畴,与学科体系、课程设置、教学方法、管理机制等方面并列。广义论者则认为人才培养模式外延包括目标、制度、过程与方式要素等,更倾向于将人才培养模式的构成要件归结为"主要包含目标模式、培养方案、实施条件、环境建设等方面"。④

根据系统论的观点,结合教育的自身规律,我们认为:所谓"人才培养模式",是指特定培养主体为了实现特定的人才培养目标,在一定的教育理念指导和一定的培养制度保障下设计的,由若干要素构成的具有目的性、中介性、开放性、多样性、不可复制性等特征的有关人才培养过程的理论模型与特定操作系统。

---

① 按托马斯·库恩的说法,一种公认的模型或模式也被称之为"范式"(Paradigm)。
② ALEXANDER C. The timeless way of building: center for environmental structure series [M]. New York: Oxford University Press, 1979: 247.
③ ALEXANDER C. A pattern language: towns, buildings, construction (center for environmental structure series) [M]. New York: Oxford University Press, 1977.
④ 马国军. 构建创新人才培养模式的研究 [J]. 高等农业教育, 2001 (4): 19-21.

表 2-1 具有不同含义的"模式"一词

功能/作用	简释	价值观	示例
发现（提炼）	指从纷繁复杂或变化纷纭的若干事物原型（包括静态事物或动态事物）中，发现、提炼或概括一个由稳定的要素、关系及规律所构成的有机整体，这相当于在若干个不同的事物原型中，发现了同一个"模子"的印记，盖着同一个"模子"的印记，或发现若干个不同事物原型都遵从着同一个"法式"	目的在于求真，故其本身无所谓褒贬	我们通过对海量毒理实验数据的深入分析，建立了一个新模型。运用该模型所做的毒理反应预测与动物实验数据完全吻合
分类（区别）	指作为某种类型的形式（静态/动态）、途径（动态）、方式（静态/动态）、过程（动态），与其他形式（静态/动态）、途径（动态）、方式（静态/动态）、过程（动态）相区别，相当于每一种类型的形式（静态/动态）、方式（静态/动态）、途径（动态）、过程（动态）都属于同一个"模子"或遵从同一个或一组"法式"，也可能从发现功能/作用中派生出来	目的在于求真，故其本身无所谓褒贬；若分类准则含有价值观时，则会有褒有贬（包括此方褒彼方贬的情形）	我们将这些管理模式分为10种类型

续表

功能/作用	简释	价值观	示例
复制	作为复制依据的形式（静态/动态）、方式（静态/动态）、途径（动态），即模板，主要用于客体的复制，强调的是相同性，稳定不变性。这种含义的"模式"，既可以是分类系统中的一种（如标准的类型），也可无涉分类（强调特定性）	目的在于求真（复制的基本要求就是"不走样"），无所谓褒贬	我们生产的这批光盘都是相同模式的拷贝品
参考（借鉴）	作为可供参考、借鉴的形式（静态/动态）、方式（静态/动态）、途径（动态）、过程（动态）。这种含义的"模式"，既可以是分类系统中的一种（如标准的类型），也可无涉分类（强调特定性）	若参考借鉴不含主观成分时，则无所谓褒贬；若参考借鉴含有主观的价值观时，则往往此方褒彼方贬（包括此方褒彼方贬的情形），或无所谓褒贬	笔迹鉴定应当比较人们在不同材质上的书写模式
效法	作为模范、典范、榜样来效法的形式（静态/动态）、方式（静态/动态）、途径（动态）、过程（动态）、即"可以作为"好模子"的"式样/方式"，典范、范本（Paradigm），一般可是最优化。对这种含有主体间关系或含有主体因素的关系，强调的是最优化。对这种含义的"模式"，既可以是分类系统中的一种（如标准的类型），也可无涉分类（强调特定性）	具有明显的褒义	这就是以综合集成和持续创新实现持续进化的卓越治理模式

二、我国大学人才培养模式的沿革与可持续发展

百年大计，教育为本。教育是我国实施科教兴国战略的重要途径，是民族进步的推进器，也是实现人才强国战略的桥梁，世界上经济科技大国多数也是教育大国。高度发达的高等教育、完善的教育体制，使其成为战略人才的生产商与人才的仓库。高等学校是一个为国家、为人民培养社会精英、尖端人才和创新人才的基地。

积极借鉴国外先进的教育理念，建设高等教育强国，既是历史赋予中国高等教育的重要使命，更是国家富强、民族崛起的现实需要。

（一）我国大学人才培养模式的近代沿革

从形成到改革，我国大学人才培养模式在历史长河中演进。人才培养模式既具有稳定性、独立性特征，又具有多样性、可变性特征。从某一历史发展阶段看，大学人才培养模式是稳定还是变动，主要受制于当时社会条件及人们思想观念；从整个人才培养模式的演进历程看，则不管其变化，始终应围绕提升教育对象——未来人才的发展潜力这一目标。

1. 民国以前的大学人才培养模式

中国具有高等教育意义的大学人才培养模式，开始于清末至民国年间，以历史上著名的戊戌变法为发端。在当时就有了一定数量，虽说没有完善的体系和学科体系，但它初步建成中国近代大学的雏形，这个阶段是中国大学的萌芽期。

1862年清政府建立了京师同文馆，随后在洋务运动中先后兴建了20余所洋务学堂。这些学堂秉持"中体西用"的培养原则，以西文、西艺为教学内容，造就了一批实用型的外交和军事人才。而1895年天津盛宣怀创办了天津中西学堂，首开中国培养各行业高级专门人才之先河，1898年诞生的京师大学堂确立了这一变革，开始了在普通教育基础上进行专门教育的人才培养，以"西政"教学培养社会改良人才为实践。这一时期，人才培养模式的特点是坚持"中学为体，西学为用"的方针，遵循通过由相应学科教学来达成培养目标的途径。存在的不足表现在高等教育的社会功能得不到充分发挥，培养的人才缺乏先进思想。

2. 民国时期的大学人才培养模式

到了民国年间，中国大学的人才培养取得了长足的发展，几乎每一个省都有一所或多所大学，在抗日战争时期，中国的高等教育遭到一定程度的破坏和摧残，但是由于一些知名的高校迁入西南地区，保存了中国高等教育的火种，如在昆明联合组建西南联合大学、浙江大学迁入贵州湄潭。

辛亥革命后，资产阶级教育思想得以逐步贯彻，在我国，高等教育体制效法西欧、日本和美国成为潮流。这一时期，蔡元培和张伯苓的教育思想影响深远。蔡元培作为当时国民政府教育总长和北大校长，他的人才培养思想对北京大学改革和我国高校的人才培养模式影响重大。蔡元培曾留学德国，深受德国大学办学模式的熏陶，他主张兴办综合大学、学术性大学；力主"学"与"术"分途，高举学术自由旗帜；在教学中废除年级制，采用分系选课制及学分制，以打通文理沟壑，舒展个性。1919年爱国教育家张伯苓在天津创办了南开大学，他认为大学培养的人才，既应具备学术理论才能，还应具有实际工作能力；主张按照"文以治国、理以强国、商以富国"的思路，设立文、理、商3科，努力服务社会和民族工商业。总之，这一时期人才培养总体特点是坚持通才与专才结合、学术性与职业性兼取。

国民政府时期，在国民党统治区"壬戌学制"的基本精神得到延续，同时，南京国民政府颁布了《大学组织法》《大学规程》，在此影响下，此后各大学在人才培养模式上逐渐倡导"通才教育"。在清华大学，当时的校长梅贻琦主张推行美国的通才教育模式，提出"通识为本、专识为末"的观点，要求学生兼具自然、社会和人文3个方面的知识，同时关注学生今后的就业和出路。此模式是兼顾了构成人才发展潜力的"自由扩展度"与"适应度"两个方面的要求。对我国大学人才培养模式影响深远。

在中国共产党领导的根据地和解放区，大学培养人才也形成了自身的特色，主要为革命战争的需要培养政治、军事、文教和专业技术人才。20世纪30年代创建的中国人民抗日红军大学，坚持"理论与实践并重，前方与后方结合"的原则；其后改名为中国人民抗日军事政治大学，仍然坚持"理论与实践并重"的原则，这些人才培养原则对新中国成立后的普通高等学校影响较大。

3. 新中国的大学人才培养模式

新中国成立后，中国高等教育迎来前所未有的发展新曙光，新中国成立

第二章 我国大学人才培养模式的沿革及理论融合

后的几十年，中国高等教育总趋势是发展的、前进的。

"文化大革命"时期人才的培养一是依靠广阔天地的社会大学；二是兴办工农兵大学、劳动大学、共产主义大学。

新中国成立到改革开放之前的大学人才培养模式，受到了苏联模式的影响，"高等教育改革的目的，即把'抽象''广博'的学府逐步改变成具体的、专业的学府"。于是 1951 年底，全国上下的院系调整开始了，调整"以培养工业建设人才和师资为重点，发展专门学院和专科学校，整顿和加强综合性大学"，认定之前的中国高等教育模式"只能培养出一些不切实际的所谓'通才'。这种'通才'教育的结果，就表现为'学非所用''用非所学'"。与中国具有类似国情的"苏联模式"——专门人才培养模式成为我国的首选。自此，民国时期引进的通才教育思想被专才教育思想所代替，整个人才培养过程呈现出新特点，即以各行各业所需的专门人才为目标，对口培养。

全国科学大会及党的十一届三中全会召开后，我国高等教育迎来新的发展时期。自从 1977 年恢复高考制度以来，我国的高等教育取得飞速发展，无论是高等学校的数量、学生数量、培养人才的层次，还是高等教育的体系、招生体系都有新的发展，逐渐形成完备的高等教育体系。1979 年 5 月，我国召开了全国高等学校科研工作会，讨论如何把高校既办成教育中心，又办成科研中心。

在中国特色社会主义理论指导下，中国高等教育事业蓬勃发展。目前，已建立数十所世界一流水平大学、若干所国家重点大学、十余所民族大学，这是我国高等教育已经取得的成就，但发展中仍凸显出诸多的问题。为此，新一轮的大学改革逐渐围绕人才培养模式展开，概括起来有两点：一是对"专中求通"形成共识，重视本科学生的文理基础和文化素养，提倡人才宽口径及复合型；注重通过课程和教学内容改革，在保证质量的前提下，淡化专业。二是强化"产、学、研"的培养方式，重视发展重点大学本科生的研究潜力和创新意识。

（二）以人才培养为核心的大学自适应发展

1. 高等教育的性质嬗变

进入 21 世纪，人类迈向知识经济时代。知识的加速发展、知识价值的提高、职业劳动的变化、现代信息技术的发展和应用、全球化和市场化的影响等，都对高等教育提出了新的挑战。这些挑战无论是从高等教育系统内部，还是高等教育系统外部，都形成了强大的变革力量，使得高等教育的时空界限被突破，呈现出一些新的功能、新的价值观。由于知识价值和学生地位的提高，高等教育体现出多重性质：高等教育不仅是一种人才培养活动，也是重要的知识生产活动和教育服务活动；学生接受教育活动与职业活动相互交织、相互影响；高等教育功能向新的领域拓展，出现了大量的营利性活动，非营利性高等教育也不同程度地市场化；高等教育既具有公益性也具有私人性，既具有全球性也具有本土性等。

21世纪高等教育的发展，需要重新认识高等教育的性质，并在此基础上调整高等教育价值观、质量观和发展观①：①在价值观方面，高等教育成为社会经济的中心以后形成了复杂的价值关系；②高等教育质量观与其多重性质相适应；③高等教育的多重性质、多样化的价值观、多样化的质量观等形成了高等教育多样化发展的内在动力。

2. 大学的自适应发展

21世纪人才需求对大学培养模式的要求，以及世界高等教育思想的变化，高等教育大众化、私营化、终身化、国际化，决定了中国大学要有自适应性，去回应所有人才培养带来的新契机和新挑战。

首先，随着学习型社会的到来，高等教育已经不再是一个人受教育的最后环节，而是一个中间过程。由此可见，人才培养若坚持单纯以迎合市场、片面以就业为导向构建模式，必然导致大学精神缺失、功能紊乱，这种饮鸩止渴的模式是不可持续的。因此，高等教育树立终身教育的理念，是着眼于学生未来发展，注重培养学生自我完善和提高，不断接受获得新知识、新技术的基础，强调学生应在大学期间集中学习掌握工具性的知识，掌握继续学习的技能，为他们提供一系列最佳选择的课程。因此大学在人才培养上应向基础性倾斜，为其以后的继续学习奠定一个扎实、宽厚的基础，包括知识的、能力的、全面素质的基础。随着现代高等教育逐步进入科学、技术、人文并重的时代，单一的专业人才已难以应付社会的复杂局面，所以应强化基

---

① 潘懋元，肖海涛. 现代高等教育思想演变的历程：从20世纪到21世纪初 [J]. 高等教育研究，2007 (8)：6-11.

第二章 我国大学人才培养模式的沿革及理论融合

础，淡化过细的专业。①②

在传统观念中，教育就意味着学校，意味着性质特殊的，用课程、方法和专业人员体现其内容的一种活动。学者保罗·朗格朗对之提出批判，他认为，如果教育要在个人的一生中、在个人生活的各个方面发挥作用，"首先就需要使它突破学校的框框，使它占据人类活动的全部，既与工作联系起来，也与闲暇时间联系起来"。保罗·朗格朗同意教育与职业密切联系是终身教育中十分突出、人们普遍认识到的一个方面。他认为，普通教育与职业训练是有机统一的，所谓普通教育，也就是学会使用科学知识和表达思想的工具，只有在它培养了人们从事职业的能力时才能获得其充分的意义，也才能获得最强大的动力。但是，保罗·朗格朗阐述终身教育的理念时指出："教育和训练的过程并不随学校学习的结束而结束，而是应该贯穿生命的全过程。这是使每个人在个性的各方面——身体的、智力的、情感的、社会交往的方面，总之在创造性方面——最充分地利用其禀赋和能力的必不可少的条件。"

保罗·朗格朗主张"必须把教育看作贯穿人的一生与人的发展各个阶段的持续不断的过程"。③ 他也看到，教育事业只有战胜阻力和克服障碍，才能实现变革和适应变化。这些障碍和阻力包括：第一，教育事业本身的复杂性。教育关系到个人、团体、民族、生活的无数方面，而且哲学、社会结构、教育的成本和效益及平等和正义等各种各样的因素对教育起作用。第二，教育事业的迟效性和保守性。由于教育工作的结果只有在遥远的将来才能清楚地显现出来，并且人们在进行变革时，常常举棋不定，这一切对教育的发展有很大的影响。第三，教师及权威机构的人士对教育变革缺乏热情和兴趣。

其次，自适应是可持续发展的需要。可持续发展是指既满足现代人的需求，又不损害后代人满足需求，是指经济、社会、资源和环境保护协调发展。高等教育的可持续发展是指一国高等教育在数量、规模、布局、机构、内部课程、教学、管理、服务等诸要素之间要科学统筹安排、协调发展，以

---

① 张彤. 中国高等教育改革与可持续发展 [M]. 厦门：厦门大学出版社，2003.
② 菲利普·阿特巴赫，贾米尔·萨尔米. 世界一流大学：发展中国家和转型国家的大学案例研究 [M]. 上海：上海交通大学出版社，2011.
③ 保罗·朗格朗. 终身教育引论 [M]. 周南照，陈树清，译. 北京：中国对外翻译出版公司，1985：138.

获得长期效益。

一方面，我们不能不对当前人才培养模式进行重新思考，包括重新审视高等教育在社会体系中的地位、使命、前进方向，以及高等教育内部要素所面临的问题等；另一方面是指可持续发展战略的持续性、整体性和协调性原则，使我们提出人才培养模式自身的可持续发展问题，即大学的人才培养模式究竟如何改革才能长久地提高效率，培养出具备可持续发展能力的人才。

以高校的课程为例，课程体系是大学人才培养模式的核心，而我国高校课程体系一贯具有的僵化、呆板的特点使其难以随着社会发展变化而做出灵活、迅速的自我调整。面对每一次较为深刻的社会变化，我们对课程体系所做的巨大调整，或大砍大杀，或改换门庭，造成了巨大损失。这种课程体系显然是不可持续的，自然谈不上发展。因而建立具有灵活性的课程体系，即建立一种可持续发展的课程体系，使其既符合大学教育的内在逻辑，又能自觉对市场环境的变化做出行之有效的反应，这是高校课程体系现代化的一个基本要求。

最后，教育的内外部规律也给出同样的结论。潘懋元认为，"在诸多教育规律中，有两条是最基本的，一条是关于教育与社会发展关系的规律，称为教育的外部关系规律；另一条是教育与人的发展关系的规律，称为教育的内部关系规律"。[1]

三、人才培养模式的理论融合

（一）人才培养模式的理论基础

1. 人的全面发展理论

人的全面发展既是社会全面发展的主体条件，也是社会发展的最高目标。当代中国社会的发展进入以经济全球化为背景、以社会主义市场经济为基础、推进全面小康社会建设和中国现代化进程的新阶段，人的全面发展的理论价值和实践意义更加凸显。推进人的全面发展，同推进经济、文化的发展和改善人民物质文化生活互为前提和基础。我国目前处于社会主义初级阶

---

[1] 潘懋元. 教育基本规律及其在教育研究中的运用 [J]. 江苏教育研究，2009（2）：3-6.

第二章 我国大学人才培养模式的沿革及理论融合

段，社会主义制度的建立促进了生产力的发展，为社会政治文明、精神文明的发展奠定了扎实的社会基础，也为人的全面发展创造了有利条件。同时，世界经济全球化和政治多极化趋势越来越明显，科技进步在推动社会发展，未来世界的竞争会更加突出地体现在人才的竞争、民族素质整体水平的竞争和民族凝聚力的竞争上。要实现中华民族伟大复兴，就必须高度重视人的全面发展问题，为人的全面发展创造条件、搭建平台。

人的全面发展涉及内涵、目标、条件、过程、实现路径等各个方面。其中，人的全面发展的实现条件和基本路径是最根本的问题。根据马克思的思想，生产力的发展对实现人的全面发展起根本性决定作用。但是，生产力对人的全面发展的根本性决定作用是需要通过各种方式实现的。其中，教育就是生产力对人的全面发展发挥决定性作用的重要方式。教育不仅通过知识传授，而且通过知识生产的方式来普及、提升和保存生产力水平，从而提高人的生产能力、拓展生产视野、培育人的个性、创新知识体系，为人的全面发展提供重要的条件支撑。因此，教育是实现人的全面发展的重要途径，实现人的全面发展离不开教育。

2. 供应链管理理论

供应链是围绕核心企业，通过对信息流、物流、资金流的控制，从采购原材料开始，制成中间产品及最终产品，最后由销售网络把产品送到消费者手中的将供应商、制造商、分销商、零售商，以及最终用户连成一个整体的功能网链结构。它不仅是一条连接供应商到用户的物流链、信息链、资金链，而且是一条增值链，物料在供应链上因加工、包装、运输等过程而增加其价值，给相关企业带来收益。

但是，人才供应链管理必须依靠动态短期的人才规划、灵活标准的人才盘点、无时差的人才补给、投资回报率（Return on Investment，ROI）最大化的人才培养，颠覆传统人才管理中的常规思维模式，来帮助企业打造和动态业务相匹配的动态人才管理模式。以提高就业为目的，让学生毕业就能顺利就业，引入管理学上的供应链管理模型到大学的人才培养，模糊了大学与企业的基本性质和功能。

3. 实境耦合理论

"实境耦合"主要针对职业人才培养，就是强调在真实的职业环境中开展实训与教学活动，面向生产、服务、管理一线培养高素质、高技能人才的目标定位,以实境训教为基点。① 这是企业办学的模式思路,但对试图实现零距离对接的大学并不合适。

"实境耦合"还有另一种形式就是学科竞赛。校内校外学科竞赛可以带动开放式人才培养,成功搭建产学研培养模式。学科竞赛是培养创新人才的重要环节,应当好好利用。实践是创新的源泉,目前高校中存在的重知识轻能力、重理论轻实践、重共性教育轻个性发展等现象,不利于创新人才培养;特别是对于理工类高校,促进教学改革,加强实践性教学环节,培养学生创新精神和实践能力,是正在探索的重要课题。而学科竞赛不失为一个很好的途径。学科竞赛是提高学生动手能力、培养学生创新精神的有效形式。竞赛中,由一个个参赛团队分别设计、制作、完成一个有特定工程背景的题目,其涉及的内容往往是一个课程群而非一门单一的课程。这个过程可以培养学生查阅资料的能力、自学能力、分析与解决问题的能力、综合设计与调试能力、科技论文写作能力,同时还可以培养学生理论联系实际的作风、团结协作精神和创新意识。可以说,高水平的学科竞赛既能培养学生综合运用基础知识的能力,又能强化学生的创新意识。许多学科竞赛实践表明,参加竞赛,无论成绩如何,都可以充分调动学生的主观能动性,鼓励他们动手、创新、协作,积极进取、学以致用。因此,应充分发挥学科竞赛在培养创新型人才中的重要作用。

4. 高校分类定位理论

教育必然要与社会发展相适应,不能离开社会的发展确定自己的发展方向,因为高等教育的人才培养结构必须主动与现代经济、社会的人才需求结构相适应。社会需要的人才是多层次、多类型的,因此,每一所高校都应在高等教育的分类中找准自己的位置,明确自己的发展方向和发展战略,突出自己的特色,为社会培养高素质的人才。现在存在的突出问题是:经济社会发展对人才的需求是多层次、多类型的,而高等学校对人才的培养却是单一化的、盲目的、无序的。这种单一化的发展方向与多样化的人才需求的矛盾导致了精英教育的发展方向与大众化教育的发展方向混乱不清的状况。这一问题如果得不到科学、合理的解决,将会直接影响到我国未来高等教育的健

---

① 青岛职业技术学院是总结"实境耦合"理论的少数大学之一。该校的"实境耦合"人才培养模式是从"教学外置-教学外置、校企耦合-教学外置、社区耦合-实境训教-实境耦合"发展过来的。

第二章　我国大学人才培养模式的沿革及理论融合

康、良性的发展，直接阻碍与制约我国由人力资源大国向人力资源强国迈进。① 根据陈厚丰的研究，我国高校分类定位的含义有4点②：

首先，高校定位是高校面向社会需要独立自主进行的规划活动，政府教育行政部门在高校定位中的主要职责是通过有效的制度安排和机制（如高校分类、高等教育职能分化规则和办学资源配置规则等）对高校定位进行引导与调控。

其次，高校定位的依据是高校自身的基础和优势、高等教育和科技发展的趋势、国家和社会需要、高校职能及学生成才需求。

再次，高校定位主要是回答高校应该充当什么角色、承担哪些任务等问题，因此高校定位的主要内容大致包括学校类型和层次定位、总体目标定位、人才培养目标和层次定位、学科专业定位、办学思路和发展战略定位及科研方向、服务面向定位等，其中最为重要的是人才培养目标和层次定位。

最后，是高校定位必须以建立高校的分类标准（基准）为前提，没有多样化的高校分类标准，高校就没有明确的参照系，也就不可能合理定位，并形成鲜明的办学特色。总之，一所高校的定位是高校"面向社会依法自主办学"的重要体现。

5. 三螺旋模型理论

知识经济时代如何实现创新，大学培养人才最终能否有市场，这必须要

---

① 社会产业结构的变化对高校的发展有重要影响。1990—2001年，在我国国内生产总值的比重中，第一产业由27.1%下降为15.2%，第二产业由41.6%上升为51.1%，第三产业由31.3%上升为33.6%。信息产业发展迅速，"九五"期间信息产业平均增长速度超过30%，"十五"期间，信息产业总产值超过1.4万亿元，2005年信息产业的增加值占我国GDP 5%的份额。文化产业也将大大发展。1998年文化产业的产值比1990年增加了6倍，达148亿元，这还大大落后于发达国家。2005年，文化产业的产值超过5000亿元。其次，社会越发展，越是需要受过高等教育的人才。根据世界范围的统计分析，当人均GDP低于1000美元时，高等教育毛入学率一般在15%以下；当人均GDP在1000~3000美元时，毛入学率在15%~50%；当人均GDP高于12 000美元时，高等教育毛入学率将超过50%。现在，日本高等教育的毛入学率已经达到46%，美国为82%，发展中国家的平均比例也达到了14.1%。我国由于社会经济加速发展，高等教育毛入学率急剧上升，1980年为2.24%，1990年为3.45%，1999年为10.5%，2005年为21%。同时城市化进程加快，1990年，我国城镇人口占总人口数的26.4%，到2001年已达37.6%，若干年后将达到60%。这些都说明，很多岗位对人才的要求比过去大大提高了。这就要求我们在研究高等学校定位时，要考虑社会对从业人员素质要求普遍提高的趋势，以及岗位的变化和不同职业、不同岗位对人才的具体要求。每一所大学，都处在某一区域，这一区域的经济、文化发展状况对人才的数量、质量、类型的要求，都将影响学校的发展，因此，高等学校定位时，还应充分考虑自己所在区域的状况。参见郎群秀的《地方高校发展定位的理论与实践思考》（《中国高教研究》，2006年第12期）。

② 陈厚丰. 中国高等学校分类问题研究［D］. 长沙：湖南大学，2004.

建立与商业（产业）、政府的新关系。为了揭示创新的动态性，以及知识开发与传播机构之间的复杂网络，埃茨科瓦茨（Etzkowitz）在1997年首次提出三螺旋模型（Triple Helix Model，TH模型）。雷德斯道夫（Leydesdof）对此概念进行了发展并提供该模型的理论系统。该理论描述了在知识商品化的不同阶段，不同创新机构（公共、私人和学术）之间的多重互反关系：产业作为进行生产的场所，承担着最终产品问世的重任；政府作为契约关系的来源，确保稳定的相互作用与交换；大学则作为新知识、新技能的来源，是知识经济的生产力要素。三螺旋模型认为大学、产业和政府在保留自身原有作用和独特身份的同时，每一个又表现出另外两个的一些能力。三者交叉、结合，角色互换多样，多边和双边沟通灵活，由此形成持续的创新流。通过建立一个行政链、生产链、科学链：一是由地方或区域政府及下属机构组成的行政链；二是由垂直和水平联系的公司构成的生产链；三是由研究和学术制度组成的技术——科学链。这三股力量构成缠绕在一起的螺旋，形成动态网络。

（二）回归、融合与延伸

高等教育发展史可以把大学教育人才培养模式的嬗变大致分为3个时期：前工业经济时期，大学的人才培养以知识为导向；工业经济时期，大学的人才培养以学科专门化知识和技能为导向；知识经济时期，大学的人才培养以素质和能力为导向。[①]

人的教育，就是人的全面提升，培养学生健康的个性、自由的思想、独立的人格。教育原本就应该在物质产品和精神产品的生产上，培养学生浩渺宽广的精神世界、远大辉煌的文化理想、对人类的终极关怀，[②]并从中发现自己、认识自己、体验自己、丰富自己，体验到做人的快乐，在尊重基本人性的前提下，帮助学生认识宇宙是怎样的、地球是怎样的、人类文化和人类经验是怎样的，让他们与大自然建立认识上、情感上的联系和交流。与每个个体、整个人类之间建立联系和交流。让学生拥有人类最丰富的精神资源。

---

① 龙先琼.论大学人才培养模式的历史嬗变［J］.湖南师范大学教育科学学报，2006，5（1）：71-73.

② 耶鲁大学入学时，是不分专业的，以某某院来称呼，但此院非彼院，这个院就是耶鲁学生住宿的院子。等到第3年，学生们自主选择专业，爱好什么选什么。他们才不管什么热门呢，只为了自己的梦想。所以，耶鲁大学最大的系是历史系。

第二章 我国大学人才培养模式的沿革及理论融合

进而树立一种最充盈的幸福和最宽广的精神自由。然后学生才能按自己的愿望为自己的生命赋予意义。一个人精神上的最高尊严就是独立地为自己的生命赋予意义,帮助他们最切实的、最完整的赋予生命意义。这就是中国教育的责任回归。

中国教育学会会长顾明远指出:"今天,我们的教育受到3种拉力的影响:一是国家要培养合格公民,希望他们成为国家发展、社会发展的人才;二是家长把教育看成敲门砖,认为自己的孩子是天才,望子成龙,个个都成拔尖人才;三是市场把教育作为逐利的工具。"① 高等教育简单化,甚至降格为高等职业教育,只能培养出许多没有教养的低层次的人才,不可能冒出"杰出人才"。教育界悲观情绪就极力反对将"人的教育"简化为"人才培养"。② 工具制作型教育为一切政治的、经济的实用主义者所欢迎,因为是培养工具,当然很受欢迎。但是人格提升型教育则与开明、进步、民主的政治有关,也与健康市场经济的人才需求相联系,这就是"人才培养"教育带来的弊端。

融合是对主客观规律的一致性把握。人才培养模式主要受外在因素的制约,也受到高等教育自身发展内在因素的制约,但始终在"适应度"与"自由扩展度"之间此消彼长。② 作为高等教育实践活动之一的大学人才培养实践也必将遵循这一规律,在人才培养中要既要考虑社会的发展需要,又要考虑人的发展需要,使人才培养在"适应度"与"自由扩展度"之间保持一个合理的关系。也就是说人才培养模式改革必须遵循人才发展潜力的"适应度"与"自由扩展度"协调发展要求的规律。而两者之间发展的协调程度取决于:社会发展需要,高等教育在社会发展中的地位及对人的自身发展的重视程度。纵观我国大学人才培养模式百年变迁,随着社会条件和思想观念的不断变化,人才培养目标也不断变化,但不变的是社会需要的人一定是有较强发展潜力的人。

关于人才成长规律,习近平总书记阐述为厚德育人、量才施用、竞争成才、最佳成才期、实践成才5个方面,强调要注重把握客观性,避免片面性,注重在实践中认识、把握、遵循和运用规律。

---

① 顾明远. 教育要回归"人的发展"原点 [N]. 中国教育报, 2011 – 07 – 11 (1).
② 王开东. 教育,病在何处?——反思"人的教育"与"人才培养"[J]. 河南教育:基教版(上), 2011 (10): 32 – 33.

如果把成才理解为主观努力（S）+客观条件（O），可以进一步分解为5个要素，即遗传（H）、主观努力（E）、教育（E）、环境（E）、机会（O）。可以预测，今后人才培养模式的发展方向必定是围绕培养"有较强发展潜力的人"这一目标，本书立论的前提，就是在消化吸收以上理论的基础上，进行融合和延伸，进一步展开模式的系统分析。

第三章 大学人才培养模式的系统分析

系统分析的目的是系统设计和实现,但系统分析阶段独立于系统实现环境,因此,必须首先从系统需求入手,从用户观点出发建立全方位表达系统需求及系统与用户的相互关系的系统用户模型,这是适应性强的、独立于系统实现环境的逻辑结构。系统的逻辑结构必须有连接渠道及信息交流内容;具有相对的稳定性,便于系统维护、移植或扩充。系统的功能与性能从以下3个方面全面反映:①完整描述系统中所处理的全部信息;②详细描述系统的对外接口;③对信息和资源的控制和协调。系统的逻辑结构及实践流程如图3-1所示。

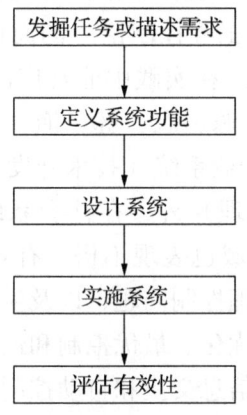

图 3-1 系统的逻辑结构及实践流程

如前所述,凡是能够称之为"模式"的,必然是系统性、结构化并经过高度提炼的,具有"范式"和"典型"意义的事物。人才培养的模式系统性并非培养理念、培养目标、专业设置、培养体系、培养途径、培养制度等要素的简单组合,而是一个有机的系统构成,并在人才培养实践中形成的定型化范式。

系统思维方式是在系统概念、系统理论和系统观的基础上形成的崭新的思维方式。运用现代系统理论，对模式本身进行再认识，从而形成的一整套基本观念、观点和方法论体系，是模式观与系统观的融合即培养模式系统观。只有树立培养模式系统观，培养模式系统的基本特性，如层次性、整体性、动态性、自组织与他组织性才能充分显现，并把培养模式系统置于教育系统和更大的社会系统之中，认识系统要素之间的非线性相互作用并揭示其发展规律。

本章在对系统工程与模式系统设计原理进行梳理的基础上，从教育系统抽象出培养模式系统，并将其作为认识客体，以培养模式系统观为指导，作为自组织与他组织相结合的复杂系统，探讨其结构、功能、环境、演化特征和发展趋势，以得出一些规律性的认识。

一、系统工程与模式系统设计原理

自钱学森1954年出版《工程控制论》英文版，我国的系统工程研究拉开了序幕。1958年中文版《工程控制论》的面世，更是推动了系统工程走向大规模研究与应用的道路。在实践中非常广泛地应用，除自然系统（宇宙、气象、灾害、土地、资源、农、林、渔）、人体系统（生理、病理、脑、神经、心理、医疗）、产业系统（技术开发、土地设施、网络系统、服务系统、交通控制、经营管理）外，在社会系统（政治系统、人口系统、区域经济、文化教育）等领域也表现不俗，有效地解决各部门复杂而又困难的项目规划设计问题、管理控制问题，以及生产运作问题。

模式系统设计要实现最优化、最优控制和最优管理的目标，就是对其系统的构成要素、组织结构、信息交换和自动控制等功能进行分析研究。

（一）系统与系统工程

1. 系统的定义

系统（System）一词来源于古代希腊文（Systεmα），意为部分组成的整体。系统的定义应该包含一切系统所共有的特性。一般系统论创始人贝塔朗菲定义："系统是相互联系相互作用的诸元素的综合体"。这个定义强调元素间的相互作用及系统对元素的整合作用。可以表述为如果对象集 S 满足：①S 中至少包含两个不同元素；②S 中的元素按一定方式相互联系，则称 S

第三章　大学人才培养模式的系统分析

为一个系统，S 的元素为系统的组分。钱学森进一步解释：系统是由相互作用相互依赖的若干组成部分结合而成的，具有特定功能的有机整体，而且这个有机整体又是它从属的更大系统的组成部分。根据系统论的基本观点，世界上的一切事物都是由其内部的各个要素按一定的方式、规则、关系组成的一个有机整体，要素与环境之间、各要素之间必须相互适应、相互协调和相互匹配。正是由于系统内各要素之间、结构与功能之间、要素与环境之间具有相互协作性与衍射性，才保证了系统的稳定与和谐，并保证了系统整体功能的发挥。系统可以分为简单系统、随机系统、复杂系统。

复杂系统是一个很难定义的系统。其特征表现为以下几点。

①不是简单系统，也不是随机系统。

②是一个复合的系统，而不是纷繁的系统（It's complex system, not complicated.）。

③是一个非线性系统。

④复杂系统内部有很多子系统（Subsystem），这些子系统之间是相互依赖的（Interdependence），子系统之间有许多协同作用，可以共同进化（Co-evolving）。在复杂系统中，子系统会分为很多层次，大小也各不相同（Multi-level & Multi-scale）。如此，我们也可以这样定义复杂系统：它是具有中等数目基于局部信息做出行动的智能性、自适应性主体的系统。

复杂系统存在于这个世界各个角落，而有组织的复杂系统正是复杂性科学兴趣所在。高校的人才培养模式就是这样一个有组织的复杂系统。

2. 系统工程的主要功能

系统工程最初在美国的智囊库兰德公司得到探讨，它主要考虑如何设计复杂系统使其以优化的方式运行，如对工厂和设备的控制系统、军队命令和控制系统。钱学森将系统工程定义为"从系统的认识出发，设计和实施一个整体，以求达到我们所希望的效果"。① 因此，培养人才是一个系统工程。

事实上，一个系统通常由一些互相耦合的子系统组成，以至于一个子系统的改变会影响其他子系统，最后影响整个系统的性能。这样一个系统（工程）的设计处于一种闭环状态，也就是说，在系统层决策时，需要各个子系统的信息，而各子系统尚未设计，反之亦然。目前的工程设计方法为：在系统层决策时，凭借过去的经验、判断和直觉等不适当的信息，给出各子

---

① 钱学森. 论系统工程 [M]. 长沙：湖南科学技术出版社，1982.

系统的设计指标,这些指标一旦确定就一成不变,作为各子系统的设计依据,各子系统寻找各自的最优设计,以达到系统层给定的设计指标为宗旨。① 很显然,在这样的设计过程中,虽然各子系统进行了最优设计,但并不能保证整个系统设计达到最优,尤其是当该系统十分复杂又远离经验时,更是如此。

(二) 社会系统工程的定义与特征

1. 社会系统工程的内涵

系统工程的最大特征,是针对特定的问题,在约束条件下,从整体上科学有效地综合集成一切相关因素(包括相关信息、知识及众人的智慧),最优地实现特定系统的目标。所以,系统工程算是"世界化时代综合集成的卓越解决之道"。将系统工程运用于整个社会系统的设计与管理,就是社会系统工程(Social System Engineering,SSE)。

人类所有的社会实践本质是一种工程活动,② 它既有真理问题,也有模式问题。而模式问题是认识由理论到实践过程的基本问题,是工程活动的核心问题,对社会工程活动而言,社会工程研究以社会发展规律的研究为基础,集中探索社会规律的具体实现形式。

2. 社会系统工程的主要特征

社会系统工程,也被称为"社会工程",是社会主体以社会科学理论为前提,以社会技术为中介,改造社会、调整社会关系、协调社会运行的实践活动过程。与自然工程相比较,社会工程具有以下基本特征③:

一是工程对象的社会性。自然工程一般以"物"为对象,目的在于创造、改造或建造"人工物"。社会工程一般以"人"为对象,目的在于改造(改变、影响、引导)人和调整"人的社会关系"。因此,一项社会工程能否顺利实施,在很大程度上,不但依赖人的创造性和知识水平,而且依赖改造对象的文化程度、道德素养、知识水平及接受意愿。社会工程是工程策划

---

① 蒋净. 复杂工程系统的合理分解、灵敏度分析和优化设计 [J]. 电子机械工程,1992 (5):5-10.

② 必须澄清的是,"工程 (Engineering)"为广义概念,指为实现特定目的而运用科学方法进行的,具有一定规模的、复杂的活动,相当于哲学上的具有一定规模的实践活动。不是一般意义上的"工程化"思维。

③ 田鹏颖,孙雷. 工程哲学应包含"社会工程" [N]. 光明日报,2006-08-21 (12).

第三章 大学人才培养模式的系统分析

主体建构一定的社会模式，要求一定的对象按照特定的模式去行动，从而实现同其所塑造出来的新的行动规范、组织形式、管理制度乃至价值观念之间的社会整合。

二是工程实施的人文性。由于自然工程主要指涉"物"，而社会工程的设计者、实施者、接受者都是"人"，或者说社会工程是因其强烈的人文关怀才实施的，因此其人文性便显得更加重要和突出。人文精神、人文关怀、社会和谐等人的终极追求，成为社会工程的灵魂。

三是工程目标的公正性。自然工程一般主张经济、社会和生态效益，而社会工程则往往强调公平、公正与和谐。一项工程的实施过程是由一系列的操作而组成的，而其中程序的合法性、结果的公正性，则是一项社会工程得以顺利实施并最终成功的关键。社会工程决策者要统筹各种因素，包括法律制度、方针政策、社会环境、文化修养乃至社会风俗习惯等，并权衡利弊、决定取舍，才能更好地满足社会主体人的利益诉求，取得良好的社会综合效益。

四是工程理论的复杂性。自然工程一般主要以自然科学、自然技术为基础，是自然技术的集成或整合。而社会工程的理论基础往往比较复杂，既涉及基础社会科学，又涉及应用社会科学，更要紧紧依赖社会技术。如果说"社会技术是人们改造社会世界、控制社会关系、调整社会运行的知识体系"，那么，社会工程就是这一知识体系的展开和运用。有的社会工程本身就是对社会技术的改造和创新。如"农村税费改革"工程，既是对农民与国家税负关系的重大调整，也是对农村财税体制的重构和创新。

3. 与人才和教育相关的社会系统工程

人才系统工程（Talent System Engineering，TSE），是指尊重人才在特定系统中的主体地位，在系统思想指导下，以科学而先进的系统工程框架掌握和运用人才规律和相关资源，为特定系统最优设计和构建能够通过持续综合集成和持续创新实现持续进化的人才管理系统并使之有效运行，从而使特定系统持续获得、管理、培养、使用高素质人才，充分发挥人才在特定系统中的功能，持续创造高绩效，为特定系统的持续进化提供强大的人才支持或主体保障，特定组织或特定项目的人才系统工程，在广义上还涉及该组织或项目以外的有用人才。

钱学森首次提出社会主义人才系统工程，他指出："从国家来说，如何把最合适的人放在最合适的工作岗位上就是一个大问题。"进而论述：

"……分散的管理制度弊病已很明显,我在以前就呼吁要进行改革,把人员的培养、选拔和使用统一起来,集中管理,国家把爱护和组织管理10亿人民的事真正搞好:一方面培养人民才干;另一方面把每一个人安排在最适合的岗位上,做到人尽其才。这也是建设社会主义的一件头等大事,而且是以往的社会和国外所没有的,要我们去开创的一件大事。"所以,他认为:"我们要实现对全国10亿人民的培养、选拔和使用,从出生到老死,全负责,这是前所未有的、大规模的组织管理工作。如果在四五十年前提这个问题,人们会感到问题太大,一时无从下手。系统工程和它的理论运筹学已经是成熟的学问,而且正在形成一个学科体系——系统科学,面对这里提出的社会主义人才管理问题就不难了。建立并运转这样的人才体系可以称为社会主义的人才系统工程。"①

教育系统工程(Education System Engineering,ESE)属于社会工程(社会系统工程),是研究教育系统的规划、组织和管理的技术。主要处理和解决教育与外部环境的关系;教育及教育领域不同层次的最优化设计;教育系统的组织管理及教育的发展战略研究等问题。可以分为6个类型②:教育规划与决策系统工程、教育管理与评估系统工程、教育人才与培养系统工程、教育信息与技术系统工程、教育研究与制度系统工程、教育创新与发展系统工程。

(三) 模式系统设计原理

从系统观(Systems Perspective)角度或运用系统科学/系统工程的语言,可将模式理解为:在特定环境中由特定要素/元素(模式要素/模式元素)基于特定关系形成的具有一定抽象性的系统类型(事物类型)或类型模型。它既可以是抽象而超领域的,也可以表现在各种领域,如建筑模式、管理模式、政治模式、经济模式、文化模式、环境模式、人生模式、人才模式、安全模式、发展模式等;既可以是静态的,也可以是动态的(电脑程序就是一种典型的动态模式或自动过程模式);既可以是一种客观的自然存在(不具主观目的性),也可以是人为努力的结果(具有主观目的性);既可以用于分类、复制,也可以用于参考、借鉴、指导、效法;在价值评价

---

① 钱学森. 社会主义的人才系统工程 [J]. 红旗, 1982 (2): 19.
② 包国庆. 教育系统工程的内涵与类型 [J]. 高等理科教育, 2003 (3): 20-24.

上，既可能无所谓褒贬，也可能有褒有贬或此方褒彼方贬。

由于模式是一种"类"概念，它所反映的可能未必是系统（包括静态事物或过程）原型的全部特征，但往往描述了系统原型的本质特征，具有认识论和方法论的双重意义。

实现特定目标的好模式（好的系统类型）往往是认识或解决问题的最佳途径（"模式"＝"可以作为'好模子'的'式样'或'方式'"），有助于更有效果、更有效率地认识或优化特定的系统或事物，甚至产生事半功倍的效果，故具有较强的指导作用，在价值评价上具有明显的褒义。

1. 模式系统设计的概念

模式系统设计就是把模式设计和系统设计结合在一起的设计方法，是模式化的系统设计方法。① 王举群等提出模式系统设计的概念，一是对已经具有系统性质的模式设计方法在名称上予以规范；二是出于对模式设计应用系统科学进行深入研究的需要。面向整体对象的功能模式、结构模式设计，实际上就是模式系统设计。

2. 模式系统设计的主要特征

系统论具有整体性、关联性、层次性、目的性等特性，相似论具有中介性、演化性、模糊性、对象性等特性，二者具有互补性。模式系统设计理论应当建立在相似论与系统论结合的基础上，是从产品开发的复杂变化中寻求相对稳定的模式系统，运用相对稳定的模式系统开发新产品的设计理论。这是一种从变化中获取稳态系统模式，从稳态系统模式中寻求变化的设计理论。因此，建立模式系统设计理论应当把握系统的相似再现和相似创造两个基本点。建立模式系统设计理论应当具有以下特性。

（1）整体相似性

整体相似性是模式设计系统的基本特性，系统的要素是一个相似集合，如何从中发掘、整合、利用整体相似性，构建模式设计系统，是发展模式系统设计理论与方法的根本所在。

（2）整体规范性

模式系统设计是从整体角度考虑的模式化设计，因而必须有整体性的标准规范，同时和国际标准接轨，保持一致，以便共享、重用和操作。

---

① 王举群，刘更，王海伟. 模式系统设计：一种现代设计方法的重要发展方向［J］.机械科学与技术，2007，26（10）：1332－1337.

(3) 模式稳定性

模式稳定性是指系统模式具有相对固定不变的性质，可以适应不同设计要求，具有一定的可靠性，可以减少或消除设计变化带来的风险。

(4) 相似跨类性

相似跨类性是在已有的模式系统内，把相似性跨类存在的特点结合到模式中重用。跨类的目的是加大创造力度，进行创新设计。

(5) 系统逻辑性

系统逻辑性是模式系统设计具有严格的顺序和层次，有利于计算机辅助模式系统设计，有利于实现数字化、自动化设计。

(6) 系统开放性

在总体结构不变的形式中，可以根据需要，柔性地增、减、合并设计要素，或者改变设计要素的粒度，实现整体、方面、阶段、层次等不同要求的设计。

(7) 系统敏捷性

基于相似性构建模式系统，并运用快速原型、模拟仿真等基于相似原理的先进技术实现模式系统设计的敏捷性。

从整体性来看，模式系统是模式的完整序列或整体结构，也可以是二者的集合。据此，我们可以把模式系统设计分为3种基本类型：过程模式系统设计、对象模式系统设计和集成模式系统设计。其中，集成模式系统设计则是拟建的类型。

作为一般模式，它具有构成要素的复杂性、理论与实践的中介性、实践操作的范型性与可仿效性等特征。从人才培养模式自身的特点看，主要体现在：

一是目的性。人才培养是有目的的活动，这个目的就是促进人个性与社会性的和谐发展。

二是主体性。人才培养是人的活动，人是整个活动的主体。充分激发和调动各个层面主体的作用是优化高校人才培养模式的内在要求。

三是合规律性。人才培养模式必须同时遵循三大规律，即高等教育的外适规律、个适规律与内适规律。外适规律即要求人才培养模式必须与社会发展的要求相适应；个适规律即要求人才培养模式必须与大学生的个性发展要求相适应；内适规律即要求人才培养模式必须与高等教育自身的文化、结构、功能、要素协调发展的要求相适应。

第三章 大学人才培养模式的系统分析

四是保障性。除人财物的保障外,最重要的是制度保障,包括教学制度、管理制度、考试制度与评价制度等。

五是开放性。现代的人才培养模式不可能在高等教育系统内封闭式构建,而必须是在与经济社会发展及高等教育改革发展的互动过程中构建。

六是多样性。经济与社会发展对人才需求的多面性与多变性、大学生个性特点的丰富性与差异性,以及高等教育结构的多样性与高校办学目标追求的特色性等决定了人才培养模式选择的多样性。

3. 模式系统设计的方法

社会工程思维的核心是社会模式的设计与实施,它的突出特征是模式创造问题,在模式创造过程中,真理与模式并不是必然等值的。① 我们把握了真理,未必能把握一个合理的模式,因为从真理中并不必然地能够推出有效的模式;同样,模式失效也是并不必然地能够证伪真理。在社会实践中人们设计、创造的各种社会结构模式仅仅映现社会发展规律的要求,它本身并不等于社会发展规律。一个规律可以通过各种模式表现出来,同样,社会发展规律的某种规定也可以通过不同的社会结构模式表现出来。另外,社会发展过程不同方面的不同规律的集合决定了模式创造的基本空间。

根据系统工程的原理,社会结构模式设计方法或过程可以分为5个步骤。

第一步,根据客观环境的变化要求和现实的社会结构特征提出社会发展目标,简称目标定位。

第二步,根据社会发展目标设计体现该发展目标的社会理想结构。

第三步,分析由现实的社会结构转变为社会理想结构的约束因素和约束关系,简称结构约束。

第四步,根据客观环境状况和社会理想结构的关系确定社会所面临的客观环境中的约束因素和约束关系,简称环境约束。

第五步,根据结构约束和环境约束设计新的社会结构模式。

新的社会结构模式一旦实施,就会使现实的社会结构向理想的社会结构转变,从而实现社会发展目标。

这一过程可形式地叙述如下:

在战略目标确定的前提下,设计以实现战略目标为目的的理想系统结构

---

① 王宏波. 社会工程的概念和方法 [J]. 西安交通大学学报(社会科学版), 2000 (1): 45 - 52.

的相关特征。使目标规定的要求与其承担者的理想系统结构的特征相一致。设反映现实社会系统结构特征方程的一般形式为

$$f_0(X_i) = 0 \quad (i=1,2,\cdots,n)。 \tag{3-1}$$

当战略目标确定后，如以 A 表示战略目标，那么，可以令系统目标为 A，则

$$f_i(X_i) = A \quad (i=1,2,\cdots,n)。 \tag{3-2}$$

显然，f_0 与 $f_i(X_i)$ 是两不同的系统关系式：$f_0(X_i)$ 表示现实系统结构，$f_i(X_i)$ 表示理想系统结构，即 $f_i(X_i)$ 是由系统目标 A 所规定的理想结构。此时，协调分析的主要任务是按照系统目标 A 的规定，根据"结构决定功能"的规律并逆向加以利用，以功能需求（这里表现为系统目标 A）去设计并确定相应的理想结构。换句话说，就是在系统目标 A 的规定下，现实系统应该具有的元素的状态和应该具有的关系。如果确定了 X_i 的应处状态和应该具有的关系，那么也就规定了系统的理想结构。在这条思路上，其突出特点是按照系统目标去设计和确定现实系统的理想结构。

二、目标分析

教育或人才培养，都是有目的、有计划的主体性活动。目标正是行为主体对其行为所设结果的预期，具有对象方向性，需要根据需求分析并通过任务发掘之后得出。一切管理活动始于确定目标、执行过程以目标为导向、结果的考核以目标完成情况为准绳。目标管理是以目标网络为基础的系统管理，总目标和各分目标之间互相关联、互相保证、互成体系。

（一）目标定位

教育的外部关系规律，即教育同社会的关系的规律，潘懋元先生的表述是，"教育必须与社会发展相适应"，加以引申，即可表述为，"教育必须受一定社会的经济、政治、文化所制约，并为一定社会的经济、政治、文化的发展服务"。所以，当人才培养不能很好地适应社会的需要，即不能很好地为社会的经济、政治、文化的发展服务时，必须对现行的人才培养模式进行改革。教育的内部关系规律，即教育自身的规律，按照潘懋元先生的表述，即"社会主义教育，必须培养全面发展的人，或者说社会主义教育必须通过德育、智育、体育、美育，培养全面发展的人"，把它用在高等教育领

第三章 大学人才培养模式的系统分析

域,则可以表述为,"社会主义高等教育必须通过德育、智育、体育、美育,培养知识、能力、素质结构优化,全面发展,具有创新精神与创造能力的高级专门人才"。在这个表述中,既包含了我国的教育方针,也包含了高等教育培养目标、培养规格的一般性要求。所以,当人才培养不能很好地符合人才培养目标时,则必须对人才培养模式进行改革,主要是对人才培养方案与人才培养途径进行合理的调整,使人才培养方案、培养途径更好地与人才培养目标、培养规格相协调,从而使人才培养更好地符合人才培养目标。

1. 依据与要求

目标确定的依据和要求首先应该遵循以下3个条件:

第一,对人才培养核心问题"培养什么样的人"的回应。社会是多元的,社会生产分工越来越细,需要各方面的专业人才。学生天赋不尽相同,教育要注重天性,发现天才,分类培养,也要满足多样化与个性化的发展,这是对教育本质的最好诠释。

第二,对3种人才培养目的观的认识和区分。即人文主义教育目的观、科学主义教育目的观和科学人文主义教育目的观。所谓人文主义教育目的观,即以人自身的需要,尤其是精神需要为出发点和以人自身的发展与完善为中心的一种教育目的的人本主义主张。科学主义教育目的观是以社会的需要,尤其是物质需要为出发点和以社会物质生产和科技进步为中心的关于教育目的的功利主义主张。科学人文主义教育目的观是以科学精神为基础,以人文精神为价值方向的教育目的观。

第三,对现代大学精神和理念的深刻把握。在不同的历史时期或同一历史时期的不同生存环境条件下,人们有着不尽相同的理想和追求,因此,对教育的期望有诸多不一致。在知识经济时代,一所学校的人才培养模式必然有其体现学校特色的共性人才培养模式,以及体现不同学科或专业特色的个性人才培养模式,从而构成百花齐放的多样化人才培养模式。

但是,教育目的一般由两部分组成:一是就教育所要培养出的人的身心素质做出规定,即指明受教育者在认知、社会性、情感等方面的发展,以期受教育者形成某种个性结构。二是就教育所要培养人才的社会价值做出规定,即指明这种人符合什么社会的需要或为什么阶级的利益服务。最理想的结果就是以知识、能力和素质三者的统一融合为发展方向。这是因为:

第一,在知识方面,主要包括科学文化知识、相邻专业知识和本专业知识3个部分。其中,前两者结合构成基础知识,后两者结合则构成专业知识。3种知识的具体比重应因学校、专业、个人而异，体现了办学特色和个性倾向。

第二，在能力方面，主要包括获取知识的能力、分析问题和解决问题的能力及创新能力等。其中特别强调的是创新能力。能力方面的要求也体现了时代和社会发展特征的要求。

第三，在素质方面，主要包括道德思想素质、人文素质、专业素质、心理素质和身体素质5个方面。其中人文素质是基础，对其他素质具有很强的渗透力和影响力。总之，知识、能力和素质三者之间是相互联系、密不可分的。知识是素质和能力的基础，知识沉积为素质，并通过素质转化为能力，素质又是潜在的能力。良好的基本素质、优化的知识结构和合理的能力结构都是当代人才所必备的条件。但底线培养还应该是以健全人格为目标。

《中华人民共和国高等教育法》明确规定："高等教育必须贯彻国家的教育方针，为社会主义现代化建设服务，与生产劳动相结合，使受教育者成为德、智、体等方面全面发展的社会主义事业的建设者和接班人。"要全面贯彻落实教育方针，担负起为社会主义现代化建设培养高级专门人才的重大任务，使大学生成长为社会主义事业的建设者和接班人。高等学校不仅要有完备的科学技术文化知识教育体系，而且还要重视和加强德育，具有完备的思想政治教育体系。因此，在定位上，需要结合3个方面的要求：

第一，国家对人才培养目标的总体要求。《国家中长期教育改革和发展规划纲要（2010—2020年）》的指导意见是：①突出培养造就创新型科技人才；②大力开发经济社会发展重点领域急需的紧缺、专门人才；③统筹推进各类人才队伍建设。高等院校应该主动适应该三大"人才队伍建设主要任务"。

第二，学校对人才培养目标的具体定位。学校需要在功能、服务面向、办学水平、办学特色、办学类型、办学层次、办学形式、学校类别、学科门类、学科专业、发展规模等多方面综合考察，科学定位自己的人才培养目标。

第三，学生对就业主渠道与社会需求的自我定位。个人成才的自我需要是具有良好人文、科学素质和社会责任感，学科基础扎实，具有自我学习能力、创新精神和创新能力。具体包含以下几个方面：得到基础研究和应用研究的训练，具有扎实的基础理论知识和实验技能，动手能力强、综合素质好；掌握科学的思维方法，具备较强的获取知识能力，具有探索精神、创新能力和优秀的科学品质。

第三章 大学人才培养模式的系统分析

2. 目标体系

目标功能是一个常量，随着行为主体规模大小的变化，以及行为主体性质的变化，在细分的程度上存在差别，由此可以建立目标体系。

首先，是国家层面建立学习型社会要求的共同目标，是对各人才培养子系统的要求和指导。

其次，承担子系统的目标功能作用的培养主体——大学、军队、企事业单位等，以及它们各部门的设置、管理制度、生源、培养方案、师资却是一些变量（因变量），是随着规模的大小、行业性质的定位不同（自变量）进行调整变化。这个层次包括人才培养的总体目标、各专业目标、课程目标、实施目标及操作目标等，构成大学自身的目标体系。

第一，高校人才培养的总体目标，即高校根据社会发展的需要和自身的特点提出自己的人才培养模式的概括性描述和战略要求。在总体目标的制定过程中，高校要根据自身实际情况，理性分析学校的优势和劣势、机会和威胁，明确适合自身发展的人才培养总体目标定位。在总体目标定位的基础上，概括形成人才培养总体思路、模式，并规划相关总体目标项目和行动框架。

第二，大学各院（系、部）的教学目标，即在人才培养模式总体目标的基础上，各分院（系、部）要将总体目标分解为专业人才培养目标。专业人才培养目标的制定要统一性和多样性相结合，"统一性"要求专业人才培养目标要反映学校在人才培养方面的总体要求和共同标准；"多样性"要求专业人才培养目标应体现各专业不同的需求，尤其是专业方向模块中模块方向、课程体系、操作方法、实现途径的设置要能发挥各专业的优势，体现各专业的办学特色。

第三，教师的课程目标。教师要明确人才培养专业目标的课程结构、体系，建立自己所承担课程的总教学目标，并选择合适的教学模式，以此确定达成课程总目标的实施目标和具体的操作目标。

第四，学生的个人学习生活目标。学生要根据学校的总体培养目标、专业培养目标和课程目标建立自己的思想、学习、生活目标，做出个人的大学3年、4年、7年、10年规划，并将这些规划制成一个目标集合并制定目标实现的细则、时间和措施。

3. MFCA：基于 KAQ 总体要求的创新模型

全面发展学说为素质教育（Quality Education）提供了理论来源。从人才培养的角度而言，传授知识、培养能力往往只解决如何做事，而提高素质则更多的解决如何做人。只有将做事与做人有机地结合，既要使学生学会做事，又要使学生学会做人，才是理想的教育。① 因此，高等学校培养适合社会主义现代化建设需要的高级专门人才，从对教育的认识过程看有3个阶段：传授知识、培养能力与提高素质。② 但是，知识、能力、素质的价值取向不能狭义地理解为只是对专业设置或课程教学的要求，而是全部体现在人才规格的内涵之中。

知识，在实证意义上，作为人改造自然过程中所获得的认识和经验的积淀，分为显性的和隐性的。前者具有可整理、编辑和传播的特点，可通过人脑的功能内化为记忆内容；后者具有只可意会不可言传的特点，只能通过内心感悟的过程来认识。在学习过程中，记忆是对知识材料的输入和重组，使其与其他知识材料建立联系，形成主体的思想、方法和精神内容的创造性活动。一个人不能再现所学知识，便无法建构知识应用、操作能力。

能力，按其定义，指主体可胜任某种操作的本领，设计操作活动所需具备的主观条件和实施方式。能力虽为知识的基础，但获得知识并不等于拥有能力，因为知识只有外化为可产生某种效率效度的操作力，才被视为能力。因此，要学会操作，必须基于对知识的记忆、理解，运用多种思维方式对知识内容作分析、综合、判断和推理，来进行使知识向能力有效转化的训练。

素质，广义上指主体的智力与非智力形态及其要素的总和，是主体综合能力的体现。因而，人才培养不仅应该使学生学会知识、具备应试能力，而且应该着眼于使学生共同生活和学会发展的长远目标，培养学生的综合能力和整体素质。这样，学校才能普遍培养出既有知识又有能力，既有文化又有教养的社会真正需要的人才。

"知识—能力—素质"（KAQ）结构中的要素集是定性研究，可以根据需要分解成如表3-1所示的要素内容。

表中每一类要素都要求得到培养，因此它们分别代表了每一项人才培养方面的工作职能，初选要素定义在二类，其职能共16项。

---

① 周远清．素质·素质教育·文化素质教育：关于转变高等教育思想观念的再思考［N］．光明日报，2000-04-05（教育周刊）．

② 郁浩然．知识 能力 素质［J］．中国石化，1998（2）：1-3．

第三章 大学人才培养模式的系统分析

表 3-1 "知识—能力—素质"结构的要素集

一类要素	二类要素	三类要素
知识结构	1. 文化基础知识	……
	2. 专业基础知识	……
	3. 专业技术知识	……
	4. 专业拓展知识	……
能力结构	5. 获取新知识能力	……
	6. 科学思维能力	……
	7. 综合创新能力	……
	8. 适应应变能力	……
	9. 工作实践能力	……
	10. 组织管理能力	……
	11. 自我决策能力	……
素质结构	12. 思想道德素质	……
	13. 文化素质	……
	14. 专业素质	……
	15. 心理素质	……
	16. 身体素质	……

当人才培养规格的"知识—能力—素质"（KAQ）三要素论已经达到共识，① 确立和实现人才培养目标就是如何建立知识（Knowledge）、能力（Ability）、素质（Quality）三者的关系模型，并通过一定途径来实现。

为此，理论上有学者进一步提出"厚基础、宽口径、强能力、高素质"与之匹配。② 实践中，进入 21 世纪的中国大学在人才培养目标模式上参考

---

① 同济大学原校长、教育部原副部长吴启迪提出了素质教育的 KAP 模式，即大学教育应该塑造学生知识（Knowledge）、能力（Ability）与人格（Personality）的三者统一。参见余志成《三位一体的 KAP 模式：访同济大学校长吴启迪》（《现代领导》，2001 年）。

② 侯沛勇. 厚基础 宽口径 强能力 高素质：高校跨世纪人才培养的目标模式 [J]. 科技·人才·市场，1997（1）：25-27.

美国大学的做法，形成了通用模式。①

在图 3-2 所示的"A"型人才模式结构中，左边的斜竖框代表人才的基本能力结构，右边的斜竖框代表人才的基本知识结构。而中间的横框代表人才的基本素质结构。

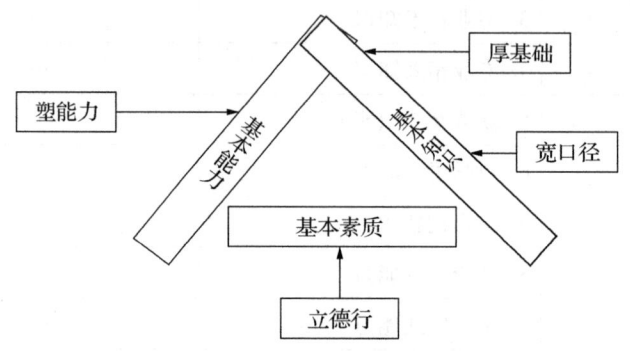

图 3-2 "A"型人才模式结构

但是，"A"型模式的设计缺陷也是很明显的：首先，动态性不足，无法体现成长方向；其次，层次性不清，无法体现人才的质量；最后，时序性不强，不能反映成才规律。

为克服以上不足，在假设以"人人成才"为横轴（x 轴）、"终身学习"为纵轴（y 轴）构建的坐标系里，若设某夹角，从 x 轴的任一底点发散 3 条矢量线，形成的三面分别为"K、A、Q"，为"倒金字塔"的三面；在 y 轴的"大学"区间找一个点，作理想的平行切线，该切线与"倒金字塔"相交形成切面"I"（图 3-3）。

I 的函数是根据 K、A、Q 的变化而变化的。锥形关系表现出德行（Morality）的树立、基础（Foundation）的加厚、口径（Caliber）的拓宽、能力（Ability）的提高，能更好地体现一个"三面一体"动态图状，简称"倒金字塔"模型，或称 MFCA。根据这个模型，可以实现各个阶段人才培养的目标。

---

① 针对本科人才培养，清华大学、重庆大学、北京理工大学，安徽农业大学等提出的就是同样的模式。

第三章 大学人才培养模式的系统分析

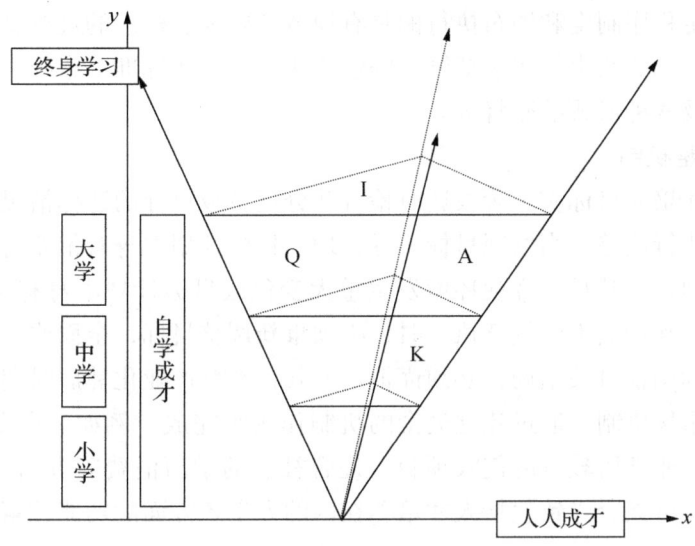

图 3-3 "倒金字塔"模型

（二）约束与调整机制

由于高校人才培养目标存在着层层递进的关系，目标分解过程是垂直目标的逻辑性与水平目标的关联性、协调性的统一，但实施过程中，必须注重维护这种整体效果。但由于自变量的变化，有时也需要调整。

1. 约束机制

目标的约束是指在人才培养目标分解中，应确保总目标统领分目标、分目标支持总目标，目标之间层层递进，避免出现断裂环节。人才培养涉及教学、管理、服务等处在同一级水平上的各环节、各部门，在目标的分解过程中要注意水平环节、部门目标的执行的协调性，避免目标执行过程中人、财、物及时间等各方面相互掣肘。高校人才培养目标管理模式的关键在于如何把学校的总体培养目标和专业培养目标变成教职工和学生的个人目标，并调动教职工和学生积极实现个人目标，从而使组织目标得以完成。在目标分解过程中要强调教职工和学生的参与，注重各层级目标的分解和转化。在个人目标分解过程中，首先，要充分重视分解后目标的可操作性，目标的制定要尽可能数字化、具体化、时效化，可以采用制定目标实施计划表的方式明确目标的分解；其次，个人目标的制定要充分考虑目标实施者的个人能力，要具有客观性，不宜过高或过低。

约束机制是指为规范组织成员行为，便于组织有序运转，充分发挥其作用而经法定程序制定和颁布执行的具有规范性要求、标准的规章制度和手段的总称。目标的约束机制包括国家的法律法规、行业标准，组织内部的规章制度，以及各种形式的监督等。

2. 调整机制

在人才培养目标实施阶段适时检查和分析各级目标的达标情况、均衡情况及实际执行偏差。当发现目标不尽合理、目标计划本身有偏差时，必须修正目标计划。尤其是当客观环境发生重大变化或目标计划本身有重大失误，使预定目标和计划不能继续执行时，必须重新调整目标，全面改变计划。

但目标调整事关全局，必须谨慎。尤其在教育产业化肆虐时期，应该警惕片面的市场机制，通过建立健全的机制作用来完成。例如，在专业设置、学校层次、非学历教育的创收项目、迎合社会的学历消费等方面盲目追高，草率启动，可能会导致包括人才培养在内的大学各方面的功能性紊乱。

三、环境分析

所谓环境是指一个系统之外的一切与它相关联的事物构成的集合。任何系统都在一定的环境中产生，又在一定的环境中运行、延续、演化，并因能量流的存在而保持着高度的有序。系统的结构、状态、属性、功能等或多或少都与环境有关，不存在没有环境的系统，这被称之为系统对环境的依赖性。因此，从理论与现实视角分析大学所处的环境变化，是人才培养模式再造、优化、创新的因素。

（一）耗散结构理论引入

1. 耗散结构理论

以普利高津为首的布鲁塞尔学派认为，只有在非平衡系统中，在与外界有着物质与能量交换的情况下，系统内各要素存在复杂的非线性相干效应时才可能产生自组织现象，并且把这种条件下生成的自组织有序态称为耗散结构。从热力学的观点看，耗散结构是指在远离平衡态的非平衡态下，热力学系统可能出现的一种稳定化的有序结构。所谓耗散，指系统与外界有能量的交换；而结构则说明并非混乱无序，而是在时间与空间上存在着相对有序。它从系统整体性的角度研究与揭示复杂现象的变化规律，极大地激发了人们去探索自然界和社会中存在的各种复杂问题，同时逐渐改变了人们观察周围

第三章 大学人才培养模式的系统分析

世界的思维方法和对客观事物的研究方法。事实上,耗散结构理论就是研究系统怎样从混乱无序的初始状态向稳定有序的组织结构进行演化的过程和规律,并且试图描述系统在变化的临界点附近的相变条件和行为。

2. 大学人才培养模式的耗散结构特征

第一,开放性。表现在不断地与外界进行着物质、能量和信息的交换,从社会中获取各种人力、物力与信息的同时,向外界输出它的产品,如各种人才、知识与服务等。如果高等教育不能与外界进行有效的物质、能量与信息的交换,也就是说它内部产生的各种问题与矛盾如果不能借助外界的各种资源、信息的支持而得以化解,那么它不可能从无序走向有序,或者说不可能从低级有序走向高级有序。

第二,处于非平衡态。对于高等教育系统来说,处于不同层次、不同类型的高校差异显著,从办学经费、师资、生源、人才培养目标、人才培养方案、专业设置、教学与科研的关系到服务面向,都处于非平衡状态。正是高等教育系统内部的这种差异与分化,才能促使其功能趋向复杂和完善。

第三,非线性相互作用。高等教育作为一种复杂的社会系统,其子系统不是互不相干、相互割裂的,而是相互制约、相互耦合、差异协同、互为因果的。正是各个组成因素相互制约、相互影响,以某种或多种方式发生复杂的非线性作用,导致在时空中产生了各种复杂形式的相干结构,使整个高等教育系统呈现多样性、差异性和不均衡性。

第四,存在涨落和突变。高等教育系统的涨落可以理解为其在动态有序的稳定点附近来回振荡,在宏观上保持着动态的有序性。当涨落被放大后会出现突变,这时高等教育系统就有可能转换到一个新的运作状态。例如,在某一时期,某高校由于采取了一项人事改革措施,使该校的管理水平上了一个档次,但是由于整个高等教育系统在平衡态或近平衡线性区,处于整体稳定状态,那么该校的举动并不会对整个高等教育系统产生大的影响。从这里可以看出,小的涨落和扰动,不足以改变系统的稳定性。但是,随着时间的推延,高等教育的内部矛盾越来越尖锐,社会、经济与政治对此愈加不满,提出强烈要求,并提供充足的资源与信息为改变其现状时,高等教育当前的稳定状态就可能被打破,那么某个学校的一个创新行为可能就会被放大并形成巨涨落,从而导致整个系统进入一个新的、稳定的、有序的状态,形成耗散结构,而耗散结构又具有新的稳定性。①

---

① 江颖. 高校人才培养模式优化研究[D]. 南昌:江西财经大学,2012.

（二）环境的优化

大学的自身有序生长决定对人才培养模式的选择，但还需要依赖教育的内外部环境作为支撑条件。

内部环境：①理念环境；②人文环境；③学术环境；④资源环境。

外部环境：①制度环境（教育政策与法律、法规、规章等）；②社会环境（择校行为、社会保障等）；③经济环境（就业形势、收入水平等）；④文化环境（就业观念、意识、习惯等）。

环境优化是教育整体改革中最富有全局性的工作，但也是有选择性的活动，应该坚持按照实效针对性的原则，突出重点，有一定的取舍。

1. 制度环境的顶层设计

人才培养模式的改革和创新不能只局限于纠正弊端，而是要改革那些常规做法、政策方针中的深层次问题。这就是制度环境需要系统设计的原因。而顶层设计（Top-Down）则尤为重要。

顶层设计（Top-Down）是源于自然科学或大型工程技术领域的一种设计理念。它是针对某一具体的设计对象，运用系统论的方式，自高端开始的总体构想和战略设计，注重规划设计与实际需求的紧密结合，强调设计对象定位上的准确、结构上的优化、功能上的协调、资源上的整合，是一种将复杂对象简单化、具体化、程式化的设计方法。它不仅需要从系统和全局的高度对设计对象的结构、功能、层次、标准进行统筹考虑和明确界定，而且十分强调从理想到现实的技术化、精确化建构，是铺展在意图与实践之间的"蓝图"。

教育环境中的制度顶层设计不能与高校发展规划等同，应该从紧密契合社会需求入手，对高校的自身功能、角色进行终极定位，[①] 并据此提出达到

[①] 美英高校的发展规划一般包括环境评估、战略规划、专项规划、操作性行动计划、规划的实施、规划的监控六大环节，其顶层目标主要体现在战略规划环节，主要是对制定规划的目的、学校的使命、中长期发展目标进行明确的界定。在以下的4个环节中，重点是通过专项规划、操作性行动计划，将学校的战略目标分解成有针对性的、可操作的、可测量的、可行的和及时的活动、目标和任务，并要求校内学术和行政单位乃至个人结合学校规划制订各自的实施计划。同时，规划监控在多个层面上进行，战略规划、专项规划、行动计划的实施都处在动态监控之列，并根据监控对象和任务确定相应的监控责任人。他们既可能是学校管理高层，也可能是学术委员会的委员或某项行动计划的负责人，其监控的主要形式是出具监控报告，当报告指出值得注意的问题时，必须同时建议解决问题的方案，供决策者参考。

第三章 大学人才培养模式的系统分析

这一目标的系统解决方案。实践中容易出现两个问题。

一方面，无顶层的设计。当前，我国相当一部分高校在发展目标定位上有一个显著共性特点，即"单线式"、"跟风式"、无限制地发展。除了重点高校定位在"国际一流"的目标上外，其他高校中，中专要升大专，专科学校要升本科学校，本科学校千方百计要争硕士点、博士点；单科型高校要向多科型大学的方向努力，多科型大学要向综合型大学转型，综合型大学纷纷要创国内一流、国际一流。近几年来，虽然各个高校在制定发展规划时都在强调明确办学定位，但总体上来说仍是朝着综合型、超大型的方向发展。国内有学者曾形象地将这种发展模式归纳为"模糊式"发展和"紊乱式"发展。从这种无顶层设计的深层次原因来看，其隐含的逻辑前提是专科优于中专、本科院校优于专科院校、有研究生教育的院校优于一般的本科院校、多科型大学优于单科型大学、综合型大学优于多科型大学。而这又直接造成了高校之间的目标趋同、盲目升格、无序竞争，导致高等教育"生态圈"的失衡，大家都在"跑部进京"争夺有限的资源，教育行政部门也不堪重负、左右为难。

实际上，从西方发达国家高等教育发展的规律来看，最好的高校并不一定都是研究型、综合型、旗舰型大学。例如，美国高校为了寻求自身的竞争优势，每所高校都有固定的、准确的定位。卡耐基教学促进基金会依据高校授予学位的层次、毕业生数量等指标，将高校划分为授予博士学位、授予硕士学位、授予学士学位、两年制社区学院、专业学院和部落学院6种类型，除了为原住民设立的部落学院外，在每一类型中都有一流的高校。又如，著名的"常青藤"盟校达特茅斯学院就放弃发展研究型大学的机会，多年来一直致力于搞好本科教育；普林斯顿大学尽管财力雄厚，但坚持不设医学院，集中力量办好原有系科。

另一方面，有顶层无设计。顶层设计理念强调蓝图与现实、目标与结果、战略与执行的统一，当科学的顶层目标确立以后，对实现这一目标的每一步骤、环节进行具体的规划设计，并通过加强过程控制来确保目标的实现。当顶层设计所针对的对象较为复杂时，常常采取递归式的设计，即将设计对象分解为若干个子系统，每个子系统也进行分项的顶层设计。同时，顶层设计不仅具有宏观指引作用，而且具有较强的刚性约束和资源配置功能，使得某一系统或组织的制度和行为都紧紧围绕顶层目标进行。那些虽然具有短期利益，但不符合顶层目标的制度和行为都会被"屏蔽"，而系统内的资

新时代高校人才培养模式的理论与实践

源配置也会自发地按照有利于顶层目标实现的原则来进行。而反观国内的一些高校，虽然也在充分论证的基础上确立了科学的顶层目标，但却缺乏相应的、对实现目标各个环节的设计支撑。例如，当前很多高校都提出了创建"国内一流"高校的目标，但"一流"的具体内涵和标准是什么，需要哪些子系统、分目标来支撑，这些子系统与分目标与顶层目标是什么关系，如何有计划、有步骤地实现分目标和总目标，怎样通过加强过程监控来确保目标的实现，如果实现不了谁来承担责任等，都需要进行科学的设计。高校的发展战略规划即使有相应的保障措施或专项规划，但不够具体或缺乏可操作性，专项规划与战略规划缺乏有机结合和统一，使发展战略规划流于宏大叙事，顶层目标也成为"有顶层无设计"的空洞口号。

2. 教育环境的资源条件

大学作为文化传承、知识创新、培养高级人才的专门机构，是一种特殊的社会组织。大学具有一般社会组织的特点，也具有其不同于社会组织的地方。资源是办学基础，但绝对不是仅仅局限于经济资源。大学本身的资源条件及资源组织如何，对于人才培养影响极大。因此，大学能够建设怎样的办学环境和条件，是决定其是否能以最大效应履行其教育职能的关键。① 学校的教育环境主要包括3个方面：①学校的自然环境，即校园环境；②学校的人文环境，即校舍建筑、图书资料、设备设施等；③学校的教学环境，即课程设置、教学方法等。

但环境是由资源构成的，所以大致可以分为**硬件资源**和**软件资源**两大类。

第一类，硬件资源。硬件特指围绕人才培养必须配备并尽量充足的办学资源。包括两个部分：①校内部分：图书馆、教学楼、体育馆、实训室、实验室、教学器材、教材讲义、学生公寓、活动场馆、学术报告厅等；②校外部分：实习、见习基地等。

但是，各类（个）学校必须结合自身发展需求，在经费投入来源、资源配置（配置公式）等方面进一步做数量化分析，以实现成本效益最优化。

第二类，软件资源。软件系统包括管理制度、方式方法、师资力量、教师素质、各类社团及活动、学术及科研成就、科技成果、校园文化、校友资源等。

---

① 马瑜. 从弗吉尼亚大学看美国高校的教育环境 [J]. 昆明理工大学学报（社会科学版），2005（2）：9-13.

第三章 大学人才培养模式的系统分析

其中，最容易忽视的有两个：一是校园文化资源。校园内具有大学生特点的一种重要精神环境和文化氛围，它可使置身于其中的个体有意或无意地在思想观念、心理倾向、行为方式及价值取向诸方面与既定的意识发生认同，从而实现对个体精神、性格的塑造。二是校友资源。校友自身作为人才资源的价值，以及校友所拥有的财力、物力、信息、文化和社会影响力等资源，[①]可以开发作为隐性课程，并最大限度利用，能够实现人才输送的辐射效应。

3. 硬件与软件耦合的实现方式

耦合（Coupling）是指两个实体相互依赖对方的一个量度。耦合的强弱度依赖于以下几个因素：①一个模块对另一个模块的调用；②一个模块向另一个模块传递的数据量；③一个模块施加到另一个模块的控制的多少；④模块之间接口的复杂程度。

世界银行高等教育主管 Jamil Salmi 通过研究世界各大洲的主要大学发现："仅仅有钱是远远不够的，世界上最贵的几所大学，如乔治·华盛顿大学、肯阳学院、巴克内尔大学、瓦萨学院和萨拉劳伦斯学院，都不是世界一流大学。"在德国，著名的大学教学设施都很破旧，但是无法否认在软件上，德国大学绝对是世界一流的，其学术成就也不是那些只有良好硬件设施的高校所能比的。[②]

教育环境资源的软硬件两个模块耦合度极强，软件模块可以直接修改或操作硬件模块的信息，属于内容耦合。实现教育资源硬件和软件的耦合，最好的解决途径是利用现代信息技术，实现教育的网络化、数字化、智能化。

从教育属性看，教育信息化的基本特征是开放性、共享性、交互性与协作性。开放性打破了以学校教育为中心的教育体系，使得教育社会化、终身化、自主化；共享性是信息化的本质特征，它使得大量丰富的教育资源能为全体学习者共享，且取之不尽、用之不竭；交互性能实现人—机之间的双向沟通和人—人之间的远距离交互学习，促进教师与学生、学生与学生、学生与其他人之间的多向交流；协作性为教育者提供了更多的人—人、人—机协作完成任务的机会。

---

① 贺美英. 对高校校友资源的再认识 [J]. 清华大学教育研究, 2004 (6): 78-82.
② 侯金亮. 中国建世界一流大学眼下是个传说 [N/OL]. 中国青年报, 2010-04-16. http: // zqb. cyol. com/content/2010-04/16/content_3185871. htm.

第四章　大学人才培养模式系统的要素与结构

高等学校人才培养系统是一个由多个分系统（要素）构成的互相关联、互相作用的，具有培养社会需要的高级专门人才功能的有机整体，各个分系统不是机械组合或简单相加，而是按照教育规律的要求联系起来的有机结构，它具有系统的定义所规定的特性。这个系统的功能是为社会培养高素质的专门化人才，与人才培养相关的各个方面或环节构成系统结构，人才培养系统受社会环境的深刻影响并与之相互作用，人才培养系统运行状态及其培养目标的实现取决于系统结构及内外部各要素之间的联系和相互作用。

人才培养模式的变化实质上是其构成要素的变化；人才培养模式的创新也主要是对各构成要素的革新或重组。因此，要创新人才培养模式，必须认真解析人才培养模式的构成要素及其结构。

一、人才培养模式的构成要素

人才培养模式改革动因既有来自学校外部的，也有来自学校内部的，包括以下两个方面：

一方面是遵循教育外部关系规律，以社会需要为参照基准，调整学校的专业设置及专业的培养目标、培养规格，使人才培养更好地适应经济与社会发展的需要；另一方面是遵循教育内部关系规律，以专业的培养目标、培养规格为参照基准，调整专业的培养方案、培养途径，使人才培养模式中的诸要素更加协调，提高人才培养质量与人才培养目标的符合程度。

由此可见，人才培养模式改革的过程就是变不适应为适应、变不协调为协调，实质上是主动适应社会的过程。

结合系统结构生成，人才培养模式可以看作是由教育目标、教育制度、专业设置、课程体系等诸多要素组成的，相互联系、相互作用的统一体（表4-1），是可供人模仿和参考的人才培养的范式和样本，是对人才培养实

第四章 大学人才培养模式系统的要素与结构

践活动的抽象、提炼;从系统工程的角度出发,人才培养模式实际是人才培养的实践活动,即由一定的人才培养理念指导下的培养目标,由专业设置模式、课程体系、教学制度体系、教学组织形式、教学管理模式、隐性课程形式、教学评价方式所形成的整体范式及其实现方式。其中培养目标是核心,起到统筹其他各要素的作用。

表 4-1　人才培养模式要素分析模型

	分析模型一	分析模型二	分析模型三	分析模型四	分析模型五	…	分析模型N
要素1	培养理念	培养目标	培养理念	培养理念	培养理念	…	…
要素2	培养主体	培养制度	培养主体	培养目标	培养目标	…	…
要素3	培养运作	专业设置	培养客体	专业设置	专业设置	…	…
要素4		课程体系	培养途径	培养体系	课程体系	…	…
要素5			培养制度	培养途径	教学制度	…	…
要素6				培养制度	教学组织	…	…
要素7					教学管理	…	…
要素8					隐性课程	…	…
要素9					教学评价	…	…
…	…	…	…	…	…		
要素n						…	…

二、人才培养模式的要素分析

系统内部是由元素集和关系集共同决定的。元素集包含的对象就是系统的组分(组成部分),而关系集则指在元素不变的情况下,所有元素关联起来形成统一整体的特有方式。

(一)人才培养理念

人才培养理念旨在回答"人才应该是怎样的""人才应该如何培养"等问题。从哲学层面上讲,人才培养理念的功能旨在揭示人才培养的内在逻辑与终极价值;从操作层面上讲,旨在指导人才培养过程,包括培养的程序与环节等的设计与构想。人才培养理念对人才培养模式其他要素的选择与确定都产生着极其重要的影响。①

教育思想、教育观念要严格遵循人才的成长规律，这里的人才培养理念是指中观（高校）与微观（教师）层面的教育理念，也就是培养主体关于人才培养的本质特征、目标价值、职能任务和活动原则等的理性认识，以及对人才培养的理想追求及其所形成的各种具体的教育观念，如质量观、师生观、教学观、科研观、活动观与评价观等。

根据供应链的原理，人才的培养主体＝高等教育的供给主体＋高等教育的需求主体，因此，必须转变学校、教师的主体本位，学校、教师充分有效供给高等教育资源；学生是高等教育的需求方，其客体身份要向主体化转变，要发挥其真正的主体地位，主动利用所有教育资源，将知识、能力、素质内化于己（图4-1）。

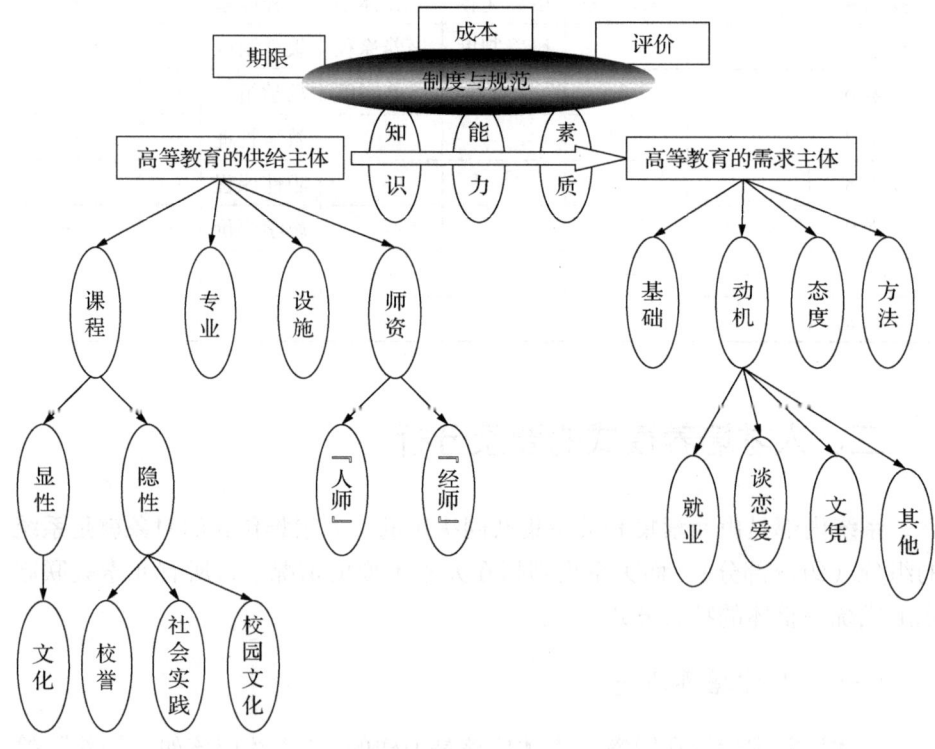

图4-1　人才培养的要素构成

---

① 董泽芳. 高校人才培养模式的概念界定与要素解析［J］. 大学教育科学，2012（3）：30-36.

第四章 大学人才培养模式系统的要素与结构

人才培养的理念需要注意以下几点：

一是树立全员育人意识。从学校领导到普通教职工，不仅有"经师"（学高——知识传授），更有"人师"（身正——人格熏陶）。

二是深化教育教学改革。从提高整体素质出发，开发优质课程，修订教学计划，改革课程设置和教学方法。

三是建立大教育观念。充分利用社会力量，实行开放式办学，加强和改进学生的社会实践。

四是提高学生自我教育意识。使学生发挥主观能动性，参与自身的发展，养成优良素质。

（二）专业设置模式

专业设置模式是人才培养模式的重要组成部分。专业主要是按照学科来划分的，专业设置一般可在设置口径、设置方向、设置时间、设置空间等方面进行形态变化设计。设置口径是指划分专业时所规定的主干学科或主要学科基础及业务范围的覆盖面；设置方向是指在专业口径之内是否分化专攻方向及分化多少，以刚化或活化专业；设置时间是指专业设置的时间早晚，是一进校就确定专业，还是学习到一定阶段之后再确定专业进行培养；设置空间是指学生的专业确定之后，还有没有游移的空间和更改的可能，是否允许学生转专业、转系、转院或跨专业、跨系、跨院学习等。

（三）课程设置方式

课程设置是指一定学校所选定的课程类型和课程门类在各年级的安排顺序和学时分配，以及对各类各科课程的学习目标、学习内容和学习要求的简要规定。课程设置必须符合培养目标的要求，它是一定学校的培养目标在一定学校课程计划中的集中表现。评价课程设置主要考虑两个方面：合理的课程结构和课程内容。合理的课程结构指各门课程之间的结构合理，包括开设的课程合理，课程开设的先后顺序合理，各课程之间衔接有序、能使学生通过课程的学习与训练，获得某一专业所具备的知识与能力。合理的课程内容指课程的内容安排符合知识论的规律，课程的内容能够反映学科的主要知识、主要方法论及时代发展的要求与前沿。由于传统知识观的影响，我国高校课程设置过于专门化、重理论轻实践、重必修轻选修、课程传授模式单一等，不利于创新型人才的培养。因此，必须改变传统的课程观，使高校课程设置超越专业藩篱和时空界限，淡化专业课程，增加综合课程，并大力发展网络课程。

课程是学生在学校所习得的一切文化的总和。课程可分为显性与隐性两类：显性课程是指有一定的教学计划、教学大纲、教学目标、教材为依托的课程；隐性课程是指在学校中除正规课程之外所学习的一切东西，是学校经验中隐蔽的、无意识的或未被完全认可的那部分经验。大学隐性课程具有普遍性、隐蔽性、暗示性、非计划性、无意识性、不确定性、感染性、长效性等特点。隐性课程在很大程度上决定着学习者的价值感和尊严感，并具有兴趣上的激发功能、认知上的导向功能、情感上的陶冶功能、意志上的磨炼功能与行为上的规范功能。学校之间的隐性课程形式的差别很大，大学的特色之一就在于其是否形成独特的高质量的隐性课程。隐性课程是内隐的，但并非是盲目的，它可以由教育主体站在教学与非教学的维度上、从规划性和自发性两方面去着意构建和营造。

（四）教学制度体系

教学制度体系即前述狭义的人才培养制度，它是与人才培养的微观过程紧密相关的各种规章制度及其实施的体系。其核心内容有学分制、学位制、导师制、实习制、分流制、日常教学管理制度等。这些制度又自成一定的体系。例如，学分制就经历了从"自由学分制"向"限制学分制"的演进，现代学分制具体包括选课制度、课程体系、学分管理、弹性学制、导师制度、绩点制度等内容。在学位制中又包括双学位制、主辅修制、本加专制、"本硕连读"制等，可为不同状态的学生提供多条学习跑道。教学制度体系在培养模式各要素中是最为活跃的一个变量。

（五）教学组织形式

教学组织形式是教学活动过程中教师和学生的组织方式及教学时间和空间的安排方式。不同的教学组织形式对学生知识的获得、智力的形成与人格的提升产生不同的影响。18世纪初起源于德国的一种名为"习明纳"的教学组织形式，重视教师向学生提出问题或鼓励学生自己发现问题，然后指导学生进行解决问题的活动。教学过程是以学生探讨为主的双向、多向的交流过程，充分体现学生主体地位。这种教学组织形式在培养学生独立思考和创新能力，以及学生增长才识、活跃课堂氛围方面的作用得到了世界的公认。

第四章 大学人才培养模式系统的要素与结构

我国高校传统课堂教学组织形式的主要特征是强调书本知识中心、课堂中心和教师中心,教学目标重在知识灌输,课堂完全由教师主宰,教学方式主要是"满堂灌";学生几乎处于填鸭式接受知识的被动地位,使学生学习与创新能力的培养受到了极大的限制。近年来,我国许多高校兴起的以学生"自由选题、自主探究和自由创造"为宗旨的"研究型"教学形式,注重突出学生在学习、研究和探索中的主体地位,在培养学生的学习能力、实践能力和创新能力等方面的收效也日益显现。

(六) 教学管理模式

教学管理模式是指在一定的教学思想、教学理论、学习理论、管理理论指导下对教学过程进行组织管理的手段与方法。我国高校传统的教学管理模式,是在国家计划经济体制下形成的行政型教学管理模式。它强调按照行政法规和既定的规范程序实行教学管理,具有集中统一、有章可循、易于操作的特点,可以避免政出多门、任意行事,在我国教育发展史上起到非常积极的作用。但随着时代的发展,其管理系统的封闭性、管理内容的统一性、计划执行的强制性与监控系统的片面性等弊端也日益暴露,与确立师生的教学主体地位、推进教学的民主化进程、培养创新型有个性的现代高素质人才的要求极不适应。为了提高教学管理水平、提升人才培养质量、促进创新人才的培养,创新教学管理模式已势在必行。

(七) 教学评价方式

教学评价是依据一定的标准对人才培养过程及其质量与效益做出客观的判断与评价。教学评价是人才培养过程的重要一环,也是检验人才培养效果的有效形式和对师生进行激励的重要手段。教学评价涉及中观的对办学的评价和微观的对教学中教与学的评价两个层面。无论是在中观层次,还是在微观层次,目前在教学评价上存在的问题表现在:一是在评价的范围上,重结果评价,轻过程评价;二是在评价的目的上,重鉴别、选拔与淘汰,轻反馈、矫正与调控;三是在评价的依据上,重考试的分数,轻创造性思维与实践能力;四是在评价的方法与手段上,重考试、轻其他的方法与手段。这种评价方式限制了师生教与学的自主选择权,束缚了人的个性自由发展,更不能很好地适应培养创新型人才的要求。更新评价理念,促进从单一评价向多元评价发展,是培养创新型人才对评价方式创新的必然要求。

三、人才培养模式系统的结构—功能分析

（一）结构

结构是事物内部的组织状态，它包括事物内部各要素之间的空间关系、时间关系（过程）及要素之间的影响和作用。

（二）培养模式系统的结构

系统的结构是从内部描述各要素相互联系的动态有序集合的模型。而模式本身就是一种模型或范式，培养模式系统的结构也就是模型的模型，是对模型内部要素之间相对稳定和规则的排列组合方式的描述。

首先，以数据流图为基础导出系统模块（功能）结构图（图4-2），在导出系统模块（功能）结构图的过程中，以独立性、低耦合性、高内聚性、公共模块作为模块划分的原则；其次，将系统数据流图中的加工转换成模块；最后，将各大模块继续划分为较小的模块，直到每一模块都是功能单一的模块。

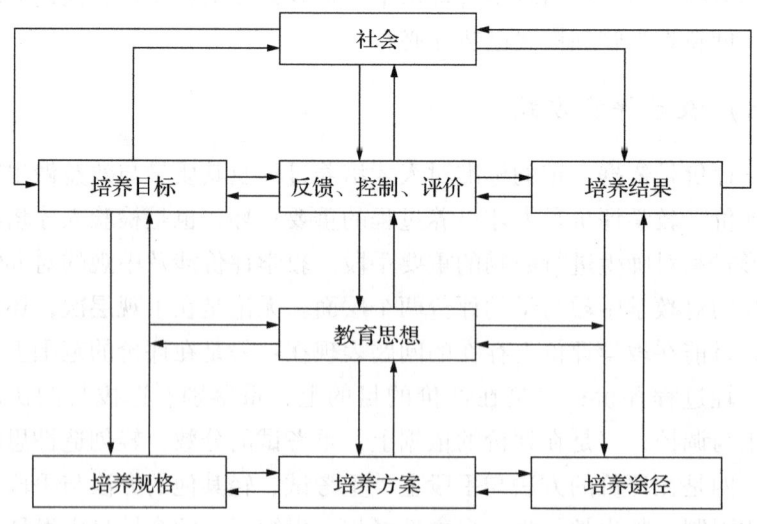

图4-2　系统模块（功能）结构

第四章 大学人才培养模式系统的要素与结构

合理分解是这种"分解—协调"优化方法的关键，必须尽量使各子系统之间的耦合度减小，同时各子系统之间的耦合能够由各子系统设计的改变对系统设计的改变的灵敏度信息来描述。如果分解不合理，会导致整个设计过程收敛速度慢，甚至不能收敛，那么这种"分解—协调"优化方法求解大型工程系统所获得的益处容易被各子系统的反复设计要求所抵消。①

1. 培养模式系统的层次

系统的结构均具有层次性，如教育领域的系统结构（图4-3）。

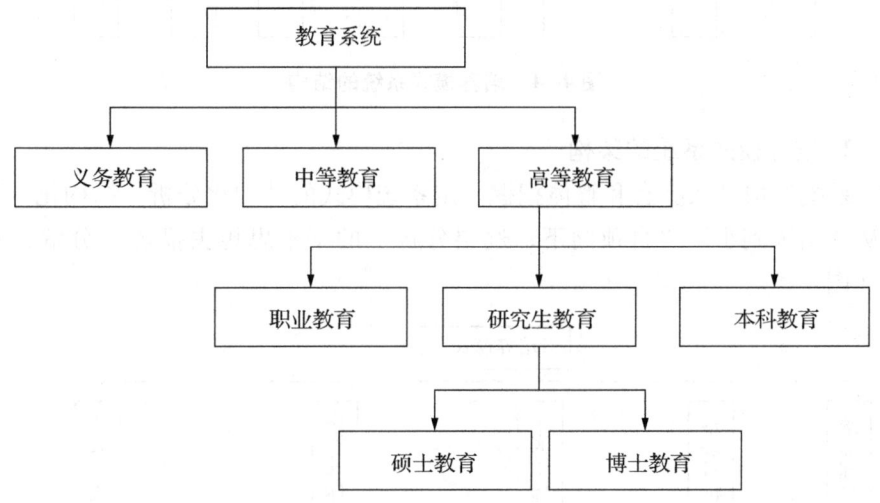

图 4-3 教育领域的系统结构

培养模式系统也不例外。首先，它在培养模式系统的各要素之间形成相对稳定的、有一定规则的联系方式。其次，逐级组成垂直结构，这是自组织作用下形成系统的过程，其基本结合方式是分层次形成的，即先由元素组成子系统，再组成系统，再组成高一级的系统，以至逐级、逐层地产生下去。培养模式系统是由5个相互联系、相互作用的要素组合成相对稳定的结构，其中一些元素相互联系更紧密，从而形成3个子系统，即目标子系统、制度子系统、运行子系统。这3个子系统的形成过程是逐层递进的（图4-4）。

---

① 张海君．系统结构模型的生成与研究［D］．哈尔滨：哈尔滨工程大学，2006．

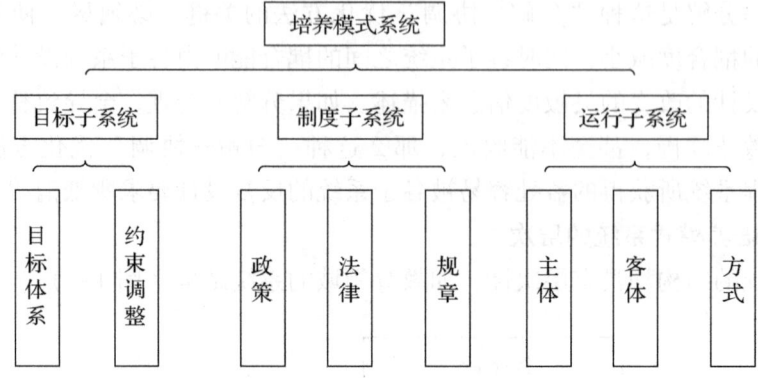

图4-4 培养模式系统的结构

2. 培养模式系统的架构

系统架构是从静态和整体把握一定系统模式的结构化分析。结构化分析是从"由大到小""自顶向下，逐层分解"的基本思想去描述（分解）系统（图4-5）。

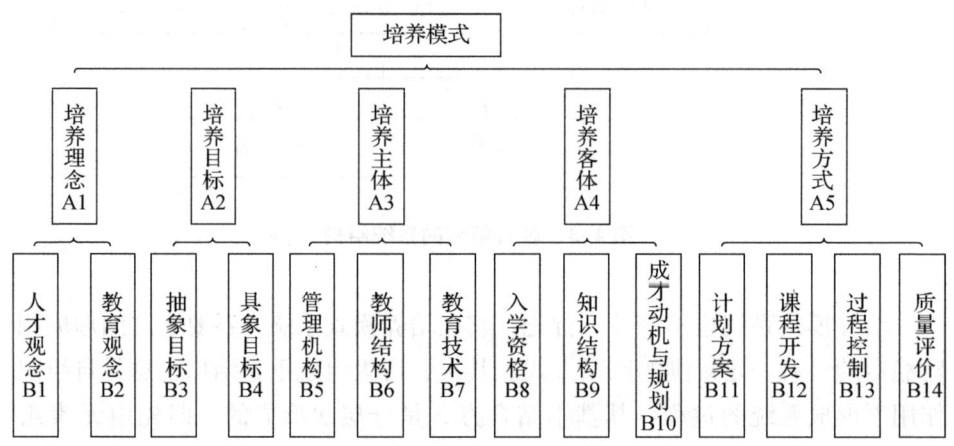

图4-5 培养模式系统的架构

分析系统架构要做到：①系统中最重要的组成部分和它们的接口，以及做出的创建、使用这些组成部分的决定；②描述这些组成部分在运作时如何交互实现系统中最重要的脚本；③实现并测试系统架构的原型，以验证架构是否可行、是否化解了重大风险，以及验证它是否达到了重要的质量指标——性能、可扩展性和成本等。

3. 培养模式系统的双螺旋模型

培养模式系统在三维空间形成的空间构型与 DNA 双螺旋结构类似，它以抽象目标为着眼点，培养主、客体围绕培养理念这个中心轴，通过培养方式连接发生非线性相互作用形成螺旋式上升的立体构型，最终以培养客体达到具体目标为落脚点（图 4-6）。培养主、客体就是相互缠绕的 DNA 单链，不同的是，它们是正向平行而非反向平行的，二者之间的非线性相互作用即培养方式，它是维系两条单链的"氢键"，其特异性决定着培养模式的特异性，又充分体现其灵活多样性。

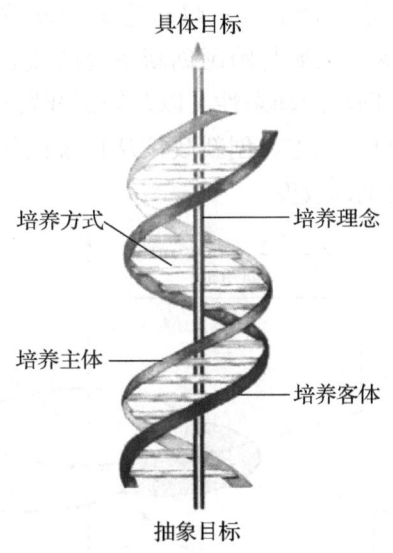

图 4-6 培养模式系统的双螺旋模型

创新性是轴心之核心。通过对国内外大学培养模式的比较研究，发现千差万别的培养主客体和千变万化的培养方式都围绕着培养理念这个轴心。之所以称其为轴心而非核心，不仅仅因为这种构型的空间立体效应，更因为它贯穿整个培养活动或过程的始终，体现了空间上的延伸性和时间上的延展性，培养主客体"攀附"于这个轴，培养方式"汇聚"于这个轴，围绕这个轴，抽象目标最终实现为具体目标。而创新性则是贯穿这个轴心的主线，它蕴涵于培养理念之中，是培养理念的精髓和内核。

在培养模式系统的双螺旋构型中，联结培养主客体双链的是培养方式，"遗传密码"是培养主体的知识—能力—素质结构。经历过培养活动，遗传信息也就是培养主体的知识—能力—素质结构将会部分复制给培养客体。与 DNA 不同的是，这里的"遗传密码"作为信息复制和基因转录的模板不是完全地复制，而是选择性复制给培养客体，同时培养客体与培养主体之间还存在非线性相互作用，培养客体的知识—能力—素质结构会对培养主体产生影响。因此，不同的培养客体会复制不同的遗传信息也会与培养主体产生不同的相互作用，这也是培养方式多样性的物质基础。

4. 培养模式系统的三螺旋改进模型

围绕创新性的进化，三螺旋改进模型的创始人埃茨科瓦茨和雷德斯道夫经系统研究后发现，大学—产业界—政府这 3 个领域重叠成的三螺旋结构（图 4-7）逐渐成为国家、区域与跨国创新系统的核心（而非外围）。TH 模型的创立就是为了揭示创新的动态性，以及知识开发与传播机构之间的复杂网络。TH 模型的基本思想标志着创新政策从传统的线性关系向拥有众多创新参与者的动态网络模型的改变。

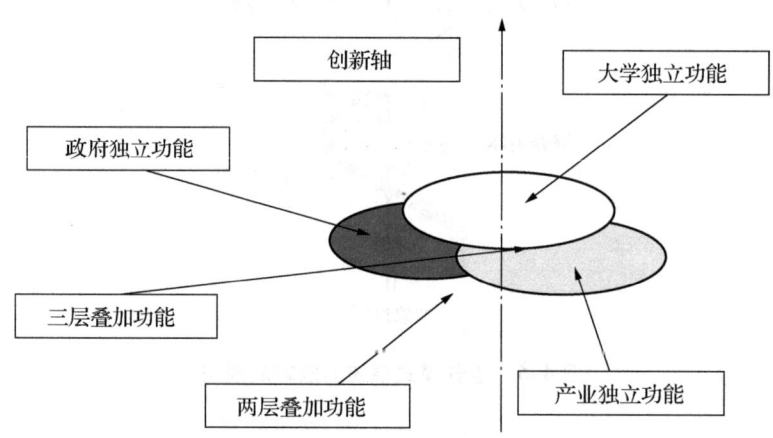

图 4-7 培养模式系统的三螺旋改进模型

政府层面，有前面已经论述的顶层设计。社会产业层面，释放的是人才多样性和人才多种属性要求信号。学校层面是对教育教学资源、教育规律的管理和把控，这是 3 个因素相互制约。政府规范、学校自身、社会产业 3 股独立力量交合表现的三螺旋行为特征，可以建立模型来解释。①

---

① 童冬生，江旺龙，于芳，等. 基于三螺旋改进模型的创意产业人才培养研究：以景德镇陶瓷文化创意产业为例 [J]. 科技管理研究，2010（9）：151-152.

第四章 大学人才培养模式系统的要素与结构

判定一个培养模式成功与否，创新性也是最有力的标杆。当今世界，美国模式之所以备受推崇，并受到各国的借鉴、仿效，正是由于它有利于挖掘并培养学生的创造性和创造精神。而应该特别指出的是，学生在该模型中只是作为客体，但是，如果能使得客体主体化，则有意想不到的效果。

各高校之间、同一所高校内部的不同专业之间、同一专业内部的人才培养都有多层次、多样化问题。培养不同类型的人才，应有不同的规格、标准和模式。因此，要在确定以培养某一种类型人才为主的基础上，允许学生按照自己的特长和志趣发展，并为他们提供成才的便利条件。

人才培养目标是根据学生成才规律对人才的培养定位。三螺旋改进模型的特点在于大学、政府、产业各司其职、职责分明，既有各自的独立功能，又有需要协作渗透的两层叠加功能与三层叠加功能。但是，学校不能放弃主体地位，在培养人才上应该占主动。

在与企业联合办学中确定培养目标，就不能完全依据原有的学科特色来确定人才培养目标，因为有些特色学科已不再适合行业发展趋势。① 培养目标应是具体的，否则，就不能解决培养何种类型人才的问题，也会影响从制度、过程维度上构建人才培养模式。这就是人才培养模式系统问题的通用性与特殊性的关系。

（三）功能

功能是指系统所具有的作用，一定的结构决定了一定的功能。可理解为事物（系统）内部各部分、成分、要素间相互联系和相互作用的方式，指在系统整体与环境相互作用时，系统的元素集与关系集所具有的那种适用环境、改变环境的反应能力，即系统具有相对独立性，对环境有反作用。当外界条件改变，事物不能有效地适用于环境时，功能的不正常发挥或低效状态，会刺激、逼迫系统内部发生变化。而系统功能的正态与高效也会改善或促进外部环境的发展，可见，对人才培养模式的创新和改革的功能分析，会

---

① 企业对人才的需求，日本松下的做法值得借鉴：a. 寻求70分人才（适岗适才），不一定需要招收100分人才，适合的就是最好的；b. 人才不是"捡"来的，必须用心去培养（培养成才），只有在人心甘情愿接受严格训练时，才能达到理想的目标；c. 培养人才最重要的是确立"企业目标和经营方针"（理念为先），如果没有明确的经营理念和方针，领导者的政策缺乏一贯性，易于被热情和感情左右，很难培养出真正的人才；d. 训练人才重在启发独立思考（思维开发），培养员工自己思考、制订计划和策略、独立作业的能力。

保持要素与环境间的优化状态。

1. 培养模式系统的整体涌现性

涌现性是复杂系统的重要特征。涌现性就是组成成分按照系统结构方式相互作用、相互补充、相互制约而激发出来，是一种组分之间的相干效应，或称结构效应。系统科学把这种整体才具有的、孤立部分及其总和不具有的性质称为整体涌现性（Whole Emergence）。不同的结构方式、不同的相互激发产生不同的整体涌现性。[①] 2500 年前的亚里士多德指出"整体大于部分之和"，就是整体涌现性的直观表述。系统整体具有而它的元素或组分及其总和却不具有的特征，成为系统的整体涌现性。或者说诸多组分一旦按照某种方式整合为系统就会呈现出来、一经分解为独立的组分便不复存在的特征，就是整体涌现性。贝塔朗菲最先把涌现概念引入系统科学，直到 20 世纪 90 年代才引起系统科学的足够重视。系统科学本质上就是关于整体涌现性的科学理论，探索整体涌现发生的条件、机制、规律及如何利用。不同的结构方式、不同的相互激发产生不同的整体涌现性。

整体涌现性的产生不是单一的，是规模效应和结构效应共同的结果。例如，分子作用力、氢键及疏水作用力相对原子来说就是整体涌现。只有原子形成了分子才可能具有这些特性，原子不形成分子或者大分子，简单的混合是不会具有这种层次的特性。涌现性又可理解为非还原性或非加和性，但任何整体都具有加和性，如质量。系统性是加和性与非加和性的统一，都是整体属性；但整体性、系统性并不一定是涌现性。涌现性是系统非加和的属性，"整体大于部分之和"与"整体小于部分之和"这样的整体与部分差值就是涌现性。

2. 培养模式系统的整体功能

首先是认识主体功能。模式是事物本质或核心要素的抽象概括、提炼和整合所构建的模型或范式体系，模式研究是客观事物（包括实物和非实物）的一种认识体系和思维方法。在博士研究生培养过程中，不断发现问题和寻找问题的解决方案时，发现有些问题不断变换形式重复出现，但这些不同的形式背后有着共同的本质特征，这就是培养模式的结构要素，它们逐层形成

---

① 涌现性又可理解为非还原性或非加和性，但任何整体都具有加和性，如质量。系统性是加和性与非加和性的统一，都是整体属性；但整体性、系统性并不一定是涌现性。涌现性是系统非加和的属性，"整体大于部分之和"与"整体小于部分之和"这样的整体与部分差值就是涌现。

第四章 大学人才培养模式系统的要素与结构

的目标、制度、主体和运行子系统整合为培养模式系统,这个系统是对整个培养活动的浓缩、抽提、凝练和简化,它的认识主体功能表现为提供了一个具有典型性、抽象性和结构性的认识对象,便于更好地认识博士研究生培养过程中的主要因素,分析其中存在的主要问题,获得关于大学人才培养模式的规律性认识。

其次是教育实体功能。培养模式系统是由相互联系、相互作用(描述这种相互作用的方程是非线性方程)的若干要素(子系统)有机地结合形成的特定结构,从而具有不同于各个要素独自具有的新功能的整体。培养模式最终是为了实现对大学人才的培养,教育是其最初始也是最根本的功能。培养模式系统的 3 个子系统各自作为独立系统都无法完成全部培养活动,实现教育功能,只有通过整合目标子系统的导向功能,运作子系统的实现功能和子系统的保障功能,才能完成对培养客体的培养,实现为社会培养人才、输送人才的功能。也就是说,培养模式系统整体在其 3 个子系统形成的特定结构基础上涌现了这种实体功能,具体地说就是教育实体功能。

最后是文化载体功能。培养模式系统除了具有上述认识主体和教育实体功能外,还具有文化载体功能,这种功能表现为培养模式系统总是承载着某个特定历史时期的国家或民族的文化。这是因为,培养模式系统必然存在于一定的环境之中,并且与环境不断地进行着物质、能量和信息的交换。培养模式系统的母系统——教育系统,与文化环境密切相关。文化属于上层建筑,是在生产实践和社会活动中形成的,并与一定的社会经济条件相联系。培养模式系统在与文化环境相互影响和作用时,就成为文化的一种载体。通过对培养模式的历史沿革与现状的梳理与分类,发现培养模式的历史沿革具有鲜明的国别、地域特色、民族特性,而同一国家或地区培养模式的发展历程又是一脉相承的,这就是一个国家或民族的文化内核,它通过培养模式系统这个载体得到继承、发扬和延续。因此,不同国家或民族的培养模式系统也具有鲜明的文化特质和内涵。①

3. 培养模式系统的特征描述

培养模式系统的第一特征是自组织性。一个问题中的某个因素,在一种系统划分中是内因,而在另一种系统划分中又可能是外因。将决定系统演化

---

① 易凌. 生物医学 PhD 培养模式的系统研究 [D]. 北京:中国人民解放军军事医学科学院,2007.

的因素被划在系统之外,就可以运用他组织的理论进行分析;将控制系统演化的因素划在系统之内,研究其相互之间的关系,则需要运用自组织的理论来分析。①

培养模式系统可以视为一个开放的、复杂的自组织系统。在系统内部,由于培养理念、培养目标、培养主客体和培养方式各要素都是积极而主动的,即彼此之间相互作用、互为因果、相互响应,使整个系统处于一定的有序运动之中。同时,基于自组织和自调节,又能与社会环境系统和文化环境系统保持自主适应状态。这样,培养模式系统就能实现其自身的结构化、组织化、有序化和系统化,并不断地、自主地从低级组织水平向高级组织水平进化。

培养模式系统具备一个自组织系统的4个基本条件。首先,培养模式系统是一个开放的复杂系统,它具有复杂系统的主要特征即整体性、多要素性、层次性和开放性等。其次,培养模式系统的组成要素间存在非线性相互作用,尤其是培养主客体之间的非线性相互作用能够使培养客体涌现出创新性,同时培养主体自身的知识—能力—素质结构也发生一定的变化。再次,培养模式系统远离平衡态,培养模式系统作为开放系统,从未表现为一种"死"的状态,而是处于活跃的非平衡状态。在一定历史时期,世界范围内存在以某个国家为代表的中心模式,并在不同国家间转移。最后,培养模式系统存在涨落现象。例如,19世纪初期,德国涌现出的研究型培养模式就是一种巨涨落现象。

培养模式系统的第二特征是非线性。线性与非线性是两个相对的概念。线性强调原因与结果的对应关系,注重对二元之间直接相互作用及影响的分析;非线性强调原因与结果的不对称关系,注重多元之间相互作用的研究,认为整体不同于(大于或小于)部分之和。培养模式系统在演化过程中表现为线性与非线性相互作用的统一。

培养模式系统的线性特征表现在理念子系统内部,也表现在理念子系统与运作子系统之间。无论在培养模式系统进化过程的哪个阶段,培养理念与培养目标始终是线性关系,培养理念的改变必然引起培养目标的调整。在培养模式系统的雏形阶段,主体子系统内部也表现为线性特征,培养客体复制遗传信息,很少产生变异也很少对培养主体产生影响,理念子系统对运作子

---

① 许国志. 系统科学[M]. 上海:上海科技教育出版社,2000:177.

第四章　大学人才培养模式系统的要素与结构

系统同样也有线性作用。这是由理念子系统的导向功能所决定的。理念子系统的更新必然影响运作子系统，从而引起培养方式的改变。也促进内部各要素的自组织作用和外部环境的他组织作用，推动培养模式系统的演化，使培养模式系统逐渐成熟，并向着复杂系统过渡。

从系统层面看，五大要素形成3个独立的子系统，在此基础上产生了层次和结构，从而涌现出培养模式系统的认识主体，教育实体和文化载体功能。培养模式系统整体产生了孤立要素或子系统及其总和所不具有的特性。这种整体涌现性是由其组成要素间相互作用、相互补充、相互制约而激发出来的，是组分间的相干效应，这种效应很显然是非线性的。从子系统层面看，理念子系统对主体子系统的作用是非线性的，理念子系统的更新变化并不能引起主体子系统产生线性改变。因为，主体子系统都是具有独立思维和主观能动性的人，他们都具有自我学习和教育的能力。理念子系统的导向功能只能逐渐渗透而不能强加给主体子系统。反过来，主体子系统的人才价值观念也能够影响理念子系统。所以，二者之间存在着非线性的相互作用。从要素层面看，培养主客体之间的关系是非线性的，尤其是研究型的培养模式系统取代了教学型培养模式系统，培养主体对培养客体实施培养活动并不能使培养客体发生成比例的改变。此外，由于培养主体、客体都具有主观能动性，如果双方都很强或很弱，师生间的互动会教学相长或相消，从而引发正反馈机制；也可能二者的主观能动性不能很好地契合或一方强而一方弱则引发负反馈机制。随着系统的不断演化和日渐成熟，培养模式系统以非线性特征为主。

第五章 大学人才培养模式的运行控制

系统工程的研究，主要有两个相互关联的内容：一个是对于系统的分析；另一个是对于系统模式的运行控制的研究。如前所述，不管是基于什么目的、什么动机，培养模式系统都要赋予既定的运行模式。人才培养模式的运行实质上是一种有目的地传递、学习人类文化，促使个体社会化的过程，是教育者和受教育者借助一定的教育手段为实现既定培养目标、共同参与培养活动的过程（图5-1），即"人—人才"和"学生—毕业生"。

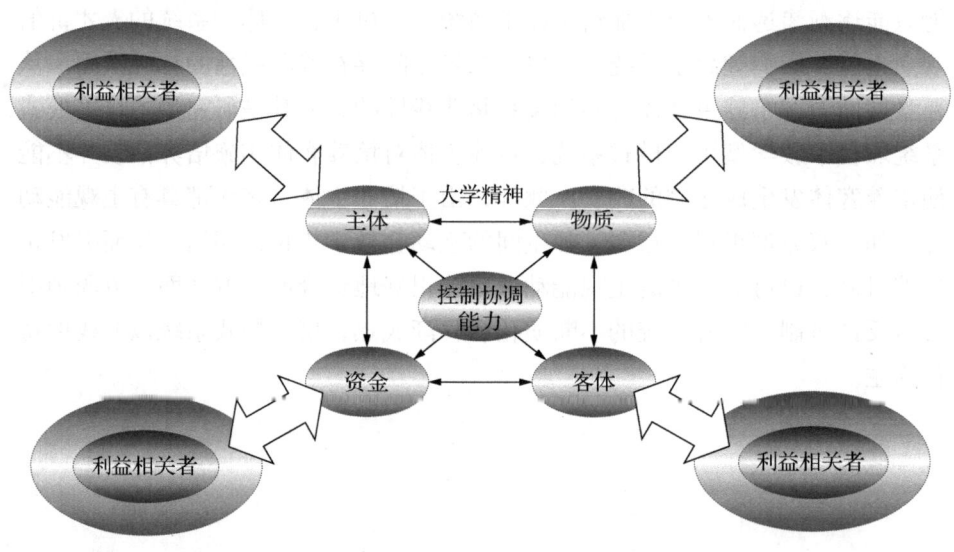

图 5-1 大学人才培养模式的运行

随着国家发展建设的需要及人才市场竞争的日益激烈，人才培养的质量、大学功能正向更高的档次发展，培养人才的过程变得越来越复杂，为实现知识、能力、素质协调发展的培养目标，其过程控制满足安全、高质、经济、稳定等要求，就显得格外重要。

①从结构上看，人才培养模式的运行模式反映了系统中大学及利益相关者的位置、相互之间的连接渠道及交易内容；

第五章 大学人才培养模式的运行控制

②从行为上看，人才培养模式的运行模式体现了大学通过各类交易对系统中的物质流、资金流、信息流的控制和协调，实现大学内部、大学与外部利益相关者及企业与客户①之间相对均衡；

③从性能上看，人才培养模式的运行模式连接了大学核心能力（资源）与大学战略目标，是大学动态能力的具体实现，大学在系统循环演化过程中实现自身价值目标，控制协调能力不断提升、系统效率不断改进。

以培养模式的运行系统为分析对象，其研究范围涉及要素集，因此培养模式的运行系统为界于微观和宏观之间的介观层次。本章的研究目标正是基于对培养模式的运行模式系统的结构、行为及功能之间的关系分析，根据相关性原则按照大学人才培养运行业务来划分系统边界、确定系统组成，并给出系统的输入和输出。

一、过程模型

在 ISO 9000：2000《质量管理体系——基础和术语》中，"过程"（Process）的定义是"一组将输入转化为输出的相互关联或相互作用的活动"。

（一）过程模型

系统工程的过程模型主要是"I→P→O（输入→处理→输出）过程模型"（以下简称"I→P→O 模型"）（图5-2），该模型被用来描述各种各样的"广义生产"现象。所谓广义生产（Generalized Production），是由广义产品（Generalized Product）概念推导出的。

"I→P→O 模型"具有广泛性。过程的任务在于将输入转化为输出，转化的条件是资源，通常包括人力、设备设施、物料和环境等。增值是对过程的期望，为了获得稳定和最大化的增值，组织应当对过程进行策划，建立过程绩效测量指标和过程控制方法，并持续改进和创新。

社会系统中的人才培养活动（或预测、选拔），就可以采用"I→P→O 模型"，将其抽象地视为一个通过搜集和加工信息来生产作为"广义产品"

---

① "学生是客户"与"以生为本"是否抵触？对社会需求而言，学生是大学的产品（广义），对大学自身作为教育服务机构而言，学生是客户。

的事实真相的"广义生产"过程。从信息系统角度来看，由于人才培养过程是个充满复杂性的事实信息（Fact Information）传递过程，所以，在将"I→P→O 模型"运用于培养过程时，其中的"处理"（Process，P）既可用来描述人为的作用（如真实信息传递过程中的人为干扰），也可用来描述非人为的作用（如真实信息传递过程中的自然的干扰因素）。

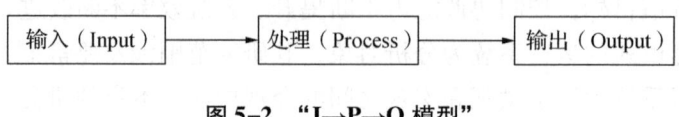

图 5-2　"I→P→O 模型"

在该模型中：

①广义生产过程的输入端是广义资源（Generalized Resource），包括物质、能量、信息及其复合形式。

②广义生产过程的输出端是广义产品（Generalized Product），包括物质、能量、信息及其复合形式。

上述"资源"与"产品"概念，是彼此相对而言的——同一个事物，当它是 A 过程输出物时，它就是 A 过程的"产品"；当它同时也是 B 过程的输入物时，它就变成了 B 过程的"资源"。

（二）过程建模的具体要求

系统工程的研究目标首先是了解工程程序核心代码。针对人才培养模式而言，就是必须明白核心代码的内容，那就是人才培养模式系统的内涵、特征、意义。也就是要将人才培养模式系统的核心代码加以认识。只有非常清楚地认识了工程（系统）的情况，并且能够进行清楚的描述，不仅从事实上加以验证，而且要从理论上进行描述，系统工程的过程研究才能在比较稳固的基础上顺利进行。如果没有对系统理论化的描述，那么对工程程序系统的全过程分析则是相当困难的，就不能让我们很好地把握系统工程过程，并达成我们的目的。

人才培养模式系统的工程过程研究具体体现在以下几个方面。

1. 时空尺度的适用

①人才培养模式系统工程过程的适合对象：适合于任何机构或团队。从学校教育而论，适合于学校、专业、院系、班级等培养主体及学生本人。

②需要一定的时间，这就是人才培养的时间维度；也需要一定的空间，

第五章 大学人才培养模式的运行控制

建立人才培养"教育场",这两者是完成人才培养模式系统的客观必要条件。

2. 对介观与微观的注意

所谓对介观与微观的注意就是对细节的考虑。例如,对组织者的培养、对舆情的回应、对纪律的要求、对位置的安排、对程序顺序的安排、所需要的时间等。

3. 静态过程的模拟与优化

静态过程,作为组织者和教育者,应充分认识到所讲内容及特色是否与受教育者紧密相连。这需要教育者和组织者进行客观地评估,深刻地研究受教育者知识层次、理解能力,并进行心理分析。

4. 动态过程的模拟与优化

①动态过程,组织者必须全程监控,同时要有设计和模拟的实践,特别是动态过程期间,保证有序是需要组织者和教育者加以思考与设想的,并尽可能模拟其过程。

②动态过程的另外一种理解方式,需要教育者对授课内容,以及受教育者的情绪,适时加以调整。

(三) 人才培养模式设计的一般过程

程序就是由输入系统、处理系统、输出系统结合完成的动态过程。这是现代信息技术最基本的概念之一。人才培养的程序问题实质就是教育过程,是一种有目的地传递、学习知识(人类文化),促使个体社会化的过程,是教育者和受教育者借助一定的教育手段为实现既定教育目标,共同参与教育活动的过程。

根据系统科学理论与方法,对于具体专业层次的教学系统设计一般应有如下步骤。

第 1 步,从分析社会发展对人才的需求出发,得出该专业人才的能力结构模型;第 2 步,根据该模型设计教学系统的培养目标,该目标既是教学系统设计的依据,也是教学系统设计的归宿;第 3 步,根据培养目标确定专业人才的培养规格;第 4 步,根据培养规格的要求和现代课程理论,构建本专业的课程体系;第 5 步,根据人才综合能力的形成规律和各门课程之间的衔接关系,做出课程安排(通常所说的人才培养方案)。上述两步有时合并进行,称为制订课程计划;第 6 步,根据各门课程在整个课程体系中的地位、作用、学科特点，确定其课程标准。主要内容有前言（包括课程的性质、课程的理念、课程的价值与功能、课程标准的设计思路）、课程目标、内容标准、实施建议（教与学的建议、教材编写建议、评价建议、课程资源开发与利用建议）等；第7步，设计（选择、利用）教学资源，其中包括根据课程标准选定或编写教材、组织和培训师资、建立相应的教学环境（教学设施、实验条件、图书资料等），以及完善管理体制；第8步，进行教学实践，并在实践中检验设计方案。

在整个专业教学系统设计流程如何保证专业培养目标的控制与实现，满足社会发展对人才的需求？过程控制的反馈机制就显得尤为重要。

二、过程控制的反馈机制

教育的对象是人，人的活动是受大脑支配的，我们是无法直观受教育者因接受教育所引起的脑内变化，只能从其行为表现上来加以判定。特别是对受教育者思想品德等的变化和控制，我们只能从对输入和输出的考察去探索规律加以控制。①

整个人才培养过程如果移入科学管理的内容，实际上是一种目标管理。一切活动均是围绕培养目标开始、进行和结束。目标管理中反馈控制又是一种极为普遍和重要的方法。它既是一个传递信息的过程，又是一个控制过程（图5-3）。在负反馈控制中，其效果是使受控对象尽快地接近目标，在过程中连续产生修正效应。正如维纳在他的著作《控制论》中指出的那样，"反馈是根据过去的操作情况调整将来的行为的一种方法。"②

黑箱方法对研究具有高度组织性和活动性的生命系统具有独特作用，它不直接干涉生命正常进行，对于不便直观的机理能从考察外部反应中去总结发现规律，这对于教育目的无疑是不可缺少的控制方法。所谓黑箱方法（Black Box）是指无法直接观测其内部结构或完成某一特定的认识任务而不必要（或无法）直观其内部结构只能从观察其外部的输入和输出去认识其规律的系统结构。

---

① 这方面的研究可参见《北京师范大学学报（社会科学版）》1986年第5期《黑箱方法与道德教育》一文。

② 杨秉文. 控制论在教育过程中的应用 [J]. 红河学院学报，1992，9 (4)：13-15.

第五章　大学人才培养模式的运行控制

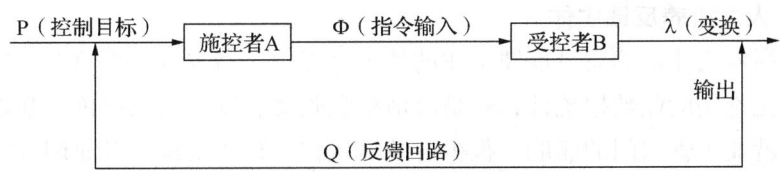

图 5-3　目标管理中的反馈控制

苏联心理学家兰达将控制论原理、教学算法化和程序教学结合，于 1962 年提出了教学的控制理论，尝试用这种观点建立教学算法。他认为，控制任何过程的理论，实质上就是利用客观规律达到一定目的的方法学理论。教学目的在于使学生形成一定的心理过程和特性，心理过程具有规律性，故可控制。教学中的控制对象（学生）不仅是受控体，而且是具有高度自我组织能力的自控系统。从控制论观点看，教学低效的原因在于：①教学目标不明确；②控制程序未具体说明；③反馈低效；④缺少算法化教学。

建立对教学系统有效的控制需具备 4 个基本条件：①精确限定的目标；②有效而详细的控制程序；③良好的反馈；④根据目标与受控对象状态的关系做出决策，以对受控系统加以调节。

算法化教学旨在使学生具有发现并独立设计有效活动程序，发展自我程序化的能力。①

（一）反馈机制的基本要求

1. 人才培养反馈的内容

目前多数高校人才培养质量反馈的主要内容仅包括毕业生的就业率和待就业率，并据此调整人才培养计划。

这样虽然可以体现高校人才培养的质量，在一定程度上反映高校毕业生对社会需求的适应度。但是这种注重毕业生就业率、待就业率等指标的反馈内容仅仅停留在表面，且较为片面，并没有太多地涉及社会对毕业生的满意度，对高校招生、专业设置、教学等人才培养各个环节的评价，反馈内容不够丰富。

---

① 以控制论原理来看待教学过程，通过强化反馈和组织程序教学来提高教学效率和教学质量。这一思想为苏联心理学家塔雷金娜接受并发展，欧美等也有学者接受该主张。

2. 人才培养反馈主体

在高校人才培养质量反馈工作的整个过程中，高校本身扮演着主导者的角色。无论是就业数据统计，还是反馈信息收集、反馈信息评价，基本上都是高校就业主管部门的职能，很少有政府机构、行业机构、专业调查机构的参与、指导与监督。一方面，由于高校就业主管部门的工作繁杂，涉及学生的生涯发展指导、就业市场开拓、就业服务管理等诸多职能，很难有精力安排专职人员负责人才培养质量的反馈工作，在一定程度上影响了人才培养质量工作的开展；另一方面，由于缺少政府、社会机构的参与，难免会出现反馈信息不准确、反馈实施不科学等问题，使人才培养质量反馈工作的专业性减弱。

3. 构建高校人才培养质量反馈机制的意识

目前，多数高校都能高度重视就业工作，将就业工作作为"一把手"工程，大力促进毕业生充分就业。但仍存在就业工作与人才培养相脱节的现象，对"以就业质量促进培养质量"的重要性认识不足，招生、教务、学生工作等部门认识不到位，没有充分参与到人才培养质量反馈机制的构建中，或反馈信息不全面、不及时，或反馈信息无法有效地应用于人才培养的各个环节，在一定程度上导致了人才培养模式与社会需求不适应。同时，高校人才培养质量反馈机制的构建涉及社会用人单位、毕业生、中介机构等各方的参与，但现实中有些用人单位、毕业生的配合不积极，导致反馈信息收集困难或信息滞后。

4. 反馈的渠道畅通

社会对人才的需求信息和对高校人才培养的评价只有及时、准确地应用到高校人才培养各环节，才能真正实现反馈信息的效用。但从实际情况来看，目前多数高校的人才培养质量反馈信息仅仅停留在就业部门（用于就业市场开拓、就业服务和就业指导的改进），而很少能够及时反馈给人才培养其他环节，或者并没有真正将反馈信息切实应用到人才培养模式的调整上，这就导致高校的人才培养与社会需求仅仅是一个单线的模式，并没有形成一个回路。

（二）反馈信息流的特征描述

反馈控制是利用反馈原理来进行调节，实现目标差的减小，克服不稳定性的过程。实现反馈控制的路径一般有2个：①课程成为教育控制的载体；

第五章　大学人才培养模式的运行控制

②教师扮演着教育控制代言人的角色。

教育目的的实现其控制过程可利用反馈控制原理，根据受教育者发展变化的状态来调整控制"教育场"中的作用力使其变化的状态轨迹发生改变以期缩小变化状态与教育目的范围的差别。这一过程的主要问题在于对受教育者的变化状态及其原因的认识，否则很难谈及反馈控制。

（三）反馈机制的构建

1. 反馈机制的关键因素

第一，引入在校学生和教师的反馈机制。学生是人才培养工作的接受者，教师是人才培养工作的具体实施者。以人为本的人才培养工作更加强调学生和教师的主动性、积极性。因此，在校学生和教师的反馈成为内部人才培养质量反馈机制的核心。

引入学生反馈，可以根据他们的发展状况和发展需要确定人才培养的内容及方式，正确评估人才培养工作的价值，从而有针对性地开展指导活动，起到对人才培养工作，特别是就业工作的监控作用。引入教师反馈，可以根据他们对学科前沿的认识、科研项目的经验，充分了解学科发展对人才培养的需求。所以形成一个由学生、专业教师、辅导员（生涯指导专员）3个层面组成的有效循环系统，能使就业工作在更大程度上利于学生的成长、成才和生涯发展。①

第二，完善学校就业市场反馈机制。毕业生就业市场包括学校就业市场和社会人才市场。近年来，学校就业市场越来越成为毕业生就业的主渠道。以东北大学为例，毕业生通过学校就业市场顺利就业的达到89%。学校就业市场必须与社会用人单位相互沟通，一方面要和毕业生及用人单位保持密切联系，负责组织实施有关的调查，并对调查结果进行科学分析；另一方面要会同有关部门及时将这种反馈结果应用到调整人才培养的各个环节，如人才培养目标的重新定位、教学计划的制订、教学内容的增加与减少、实践教学环节和课外活动的安排等。

第三，强化毕业生（校友）反馈机制。正如企业产品的改进必须跟踪已投放市场的产品评价一样，学校要改进人才培养，同样要跟踪、了解往届校友。因为毕业生（校友）具有共同的文化背景、学缘关系，为母校提供

---

① 夏成满．教育目的实现的控制机制［J］．教育理论与实践，1987（4）：47-50．

社会所不能替代的公益性服务。毕业生（校友）用切身的经历和体验、可靠实时的数据，以及成功的校友事迹，对学校人才培养起到促进作用，从而改变传统的人才培养教育理念，建立人才社会系统的观念。

第四，畅通人才培养质量反馈的渠道。高校应以服务国家、学校和学生发展需要为导向，把提升人才培养质量和就业指导服务质量作为工作重点，将就业工作作为学校发展的主要战略选择和人才培养的重要环节，建立健全的人才培养质量反馈机制。反馈信息的收集应采取合理的方式。例如，要定期对全国重点行业、企业进行深入走访，加强对毕业生的质量跟踪和对用人单位需求的调查研究；要设计科学的毕业生调查问卷，每隔一年进行一次大型的调查；要通过就业工作会议、部门联席会议、专题报告等形式，及时将社会人才需求、毕业生质量与发展情况等信息反馈到教学改革、学科建设、招生计划等人才培养环节当中。与此同时，政府应积极关注，出台政策支持，并大力引导用人单位、社会机构参与高校人才培养质量反馈机制的构建，提升人才培养质量反馈工作的质量和水平。①

2. 反馈机制的回路图

《国家中长期教育改革和发展规划纲要（2010—2020年）》明确将提高质量作为"高等教育发展的核心任务"。面对这一"核心任务"，许多高校都提出了自己的目标和措施，许多专业的建设者也面临着是否需要对现有的课程体系进行调整、修订和设计等问题。怎样才能知道课程体系是否存在问题呢？这可以从开设专业的学科、社会需求和学生发展等多个视角分析，人才培养的过程反馈就成为课程体系调整的主要依据。

高校在人才培养模式的设计上首先要进行前端的教学分析，其立足点是从分析社会发展对人才的需求出发，结合学生的需求得出相应专业人才的能力结构模型，根据该模型设计教学系统的培养目标，该目标既是教学系统设计的依据，也是教学系统设计的归宿；其次，根据毕业生、在校生、教师及就业市场等的反馈信息确定专业人才的培养规格，即知识结构、能力结构和相应的人文素质结构；再次，根据培养规格的要求和现代课程理论，构建相应专业的课程体系，并根据人才综合能力的形成规律和各门课程之间的衔接关系，做出课程安排，也就是制订课程计划，在这个环节要注意隐性课程和

---

① 王辉，张小诗，刘海军. 高校人才培养质量反馈机制建构［J］. 现代教育管理，2011（11）：38–40.

显性课程的有机结合；最后，通过相应的制度规范和师资要求进行教学实践，并在实践中检验设计方案。在整个人才培养模式的实现过程中，评价和修正是处于模式的中心位置，随时对各步骤进行检测、评价、反馈、修正，以保证培养目标的实现，满足社会发展对人才的需求（图5-4）。

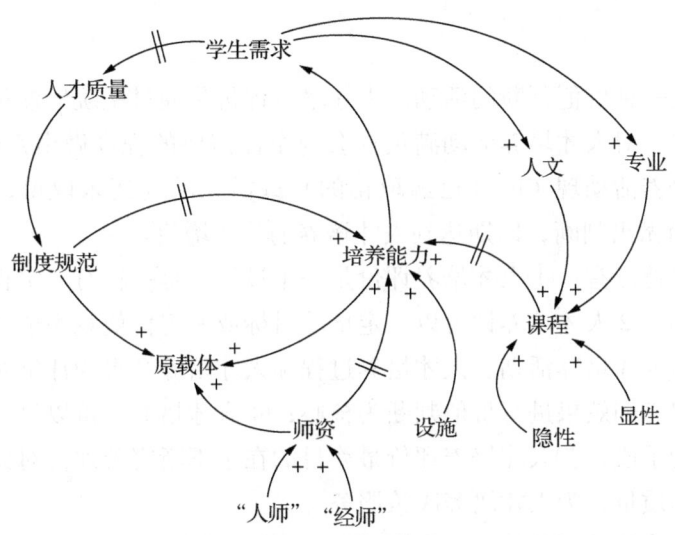

图5-4 课程体系调整中的过程反馈

第六章 大学人才培养模式的评价体系

评价是一种价值判断的活动。人才培养评价是通过系统地搜集信息资料并分析整理，对人才培养活动满足社会与个体需要的程度做出判断的活动，是对人才培养活动现实的（已经取得的）或潜在的（还未取得，但可能取得的）价值做出判断，以期达到人才培养的价值增值。

其主要特点有：①人才培养评价是一个过程，是一种有一定程序和系统活动的过程；②人才培养评价以一定培养目标或一定价值观为依据；③人才培养评价以人才培养活动、人才培养过程和人才培养结果为评价对象，以对其功能、状态和效果进行价值判断为核心；④人才培养评价以科学的评价方法、技术为手段；⑤人才培养评价最终目的在于不断完善评价对象行为，提高人才培养质量，为人才培养决策服务。

进行人才培养评价的一般步骤是[①]：①确定分析评价目标，指定评价方案，做好评价的准备工作；②选择评价开始时间，搜集评价对象信息，并加以整理；③分析评价信息形成评价结论；④根据评价结果，提出改善评价对象行为，达到预期目标。

一、评价体系的指导原则

培养人才体现了大学的自身价值、个体价值及社会价值。高等教育促进学生成长，人才回归社会并服务于社会则促进了社会发展，因此要科学、严格地进行学绩和毕业考评。

（一）全面与重点结合评价

首先，确定全面评价。教育评价是根据一定的教育价值观或教育目标，

---

① 美国著名教育评价学专家斯塔弗比姆 1966 年首创了由背景（Context）评价、输入（Input）评价、过程（Process）评价和成果（Product）评价 4 种评价组成的一种综合评价模式。

运用可行的科学手段，通过系统收集信息资料和分析整理，对教育活动、教育过程和教育结果进行价值判断，为提高教育质量和教育决策提供依据的过程。测评学生要遵循全面、综合和经常性原则，不仅要检测其专业理论知识的掌握，还要看其思想进步情况；不仅要看考试成绩，更要看日常学习情况和发展潜力；不仅要看毕业考试成绩，更要考察其大学期间历次测验的成绩；不仅要看理论素养，还要看实习、实训和实践中表现出的解决实际问题的能力。对于考评不理想的学生，坚决不准毕业，而是采取降级、延期毕业等方式，直到考评合格。

其次，重点评价的落实。当前我国高校的学绩和毕业测量主要是通过考试来考察学生的知识掌握情况。毕业考评则仅仅关注学分量、相关证书的获得，如 CET 等级证书、计算机等级证书等。

这不仅容易使考评流于形式，不能切实测量学生的真实水平，而且容易导致学生为应付考试"临阵磨枪"，得不到大学知识的精髓；对各类证书的追求更使学生"拾级"而上，忽略了大学生活的真正意义。这最终导致部分大学生尚不具备服务社会的基本素质就流入就业市场，既是教育资源的浪费，又占用了有限的就业空间，体现了大学社会责任的旁落。这要求大学必须设置毕业生考评机制，衡量学生是否达到了毕业标准，是否具备了服务社会的基本素质。

因此，二者的结合才能体现合理性和科学性，更具可操作性。

（二）定性与定量结合评价

评价方法按是否采用数学方法分类，可以分为定性评价与定量评价。定性评价是指不通过定量计算的方法，而是采用定性描述、解释的方法做出的价值判断。但定性评价也必须有评价的标准和依据，也必须在取得有关资料的基础上做出科学判断。

定性评价是指在评价过程中对人才的德才表现和工作实绩用综合评估的方法做出的质的描述。它是指依靠感觉、印象和经验对评价对象素质及绩效进行的"高低""强弱""正反"等的价值判断。它简便易行、易于操作，但往往结论宏观、粗放，潜在性和意会性较强，区分性较差。

定量评价是指采用定量计算的方法，即收集数据资料，用一定的数学模型或数学方法，采取统计处理手段进行的评价。定量评价是通过量化指标对人才的德、智、能、绩状况进行全面的分析评价，并运用数学工具对评价结果进行标准化处理，即为定量评价。这是一种通过对评价对象有关情况数据的收集、整理、计算和分析，从而对其素质及绩效做出数字描述的方法。定量评价内容具体、标准明确，在一定程度上减少了随意性，提高了准确性，并且它还有利于对干部的横向比较。但定量评价常常难以冲破模式化的束缚，使数字变得僵化，且定量方法不一定适合一切评价要素，所以单纯使用定量评价方法，也具有较大的局限性。

　　教育评价中的数量化方法越来越受重视了。在教育评价中排斥数量化的方法是不对的，而过分强调数量化方法也是不对的。第一，数量化方法固然很需要，也很重要，但它并不是进行教育评价的唯一方法。目前很多教育现象由于不能数量化，因此会有许多教育现象被排斥在评价范围之外，这样对教育的发展是不利的。第二，过分强调数量化的人往往误认为用数量化方法进行评价最客观、最准确，但实际上，用数量化方法并不能排除评价工作中的主观因素的影响。从累计分数法中，我们可以看出，尽管采用了数量化方法，而在实际评价中把教育问题转化成数学问题时，或者是对用数学方法导出的结果进行解释时，都难免掺杂主观因素。那种认为只要运用了数学方法就是实现了客观化的想法是幼稚的。数量化方法与非数量化方法各有所长，也各有所短。因此，在评价工作中，不宜提倡一种方法而抛弃另一种方法。

　　由此看来，在"定性"比较抽象、"定量"缺乏灵活的矛盾中做简单的低水平往复是没有出路的。在理论与实践的探索过程中，笔者认为，我们应做出更中庸的选择，按照"定性—定量—定性"这样一个回归模式和规律，实现定量评价与定性评价的有机结合，即先由评价主体对评价对象的基本要素进行分析、比较等定性判定，再根据这些判定的结论给各项要素指派数字，形成"量"的状态，当量化结果得出之后，再在这些数量基础上上升为更高层次的定性分析，形成对人才的素质和绩效更加深刻的认识和把握。同时，对于人才中的"硬指标"，如"专业水平""主要业绩""科研成果"等，主要通过组织定量测评来实现；而对于评价中的"软指标"，如"思想品质""工作作风""勤政廉政"等，除需要进行定量测评来考核以外，还特别注意从个别谈话、民主评议，或问卷调查中获取更感观直接的评价信息，最后从抽象的信息中得到具体化的定论。

第六章　大学人才培养模式的评价体系

（三）主体、方法与标准的多元化评价

今天的社会是多样化的。正如前所述，社会的需求也是多元化的，对人才的培养及评价应该是多元化的一个体系，当前大学的发展格局是精英教育和大众化教育并存，因此，这就决定了不同的学校，不同的学校内部的不同学院、专业，不能去用一个尺子来衡量。随着社会经济的迅速发展，国家建设需要多元化的人才，如创新型人才、应用型人才。但是传统的人才培养模式越来越不符合社会发展的要求，制约大学生多样化的个性发展。培养具有个性化的人才是高等教育的目标和方向，因此，高校必须以个性化教育为导向，积极探索和完善大学多元化人才培养模式。① 除此之外，多元化评价还包括以下几个方面。

1. 评价主体多元化

主管部门的行政评价、学校的运行评价、学生的自我评价、就业单位的用人评价、社会第三方的中立评价等。

2. 评价方法多元化

确定评价指标权重的方法，主要有以下几种。

（1）专家会议法（又称集体经验判断法）

这是由一定数量的长期从事教育管理工作的干部、有经验的教师及有关领域的理论工作者共同讨论确定指标权重的方法。他们在一起讨论，各抒己见，根据个人对各评价指标重要程度的理解，确定不同的权重，然后求出各位专家对相应指标权数的平均值，作为指标权重的最后结果。

优点：信息量大，全面具体，有助于专家之间相互启发，集思广益，使结论更趋于合理。

缺点：专家之间的意见易相互干扰，易受从众心理、权威意见、口头表达能力等因素影响。因此这种方法确定的指标权重有一定的主观性和片面性，易降低客观性及有效性。

（2）德尔菲法（Delphi Technique，又称专家咨询法）

这是采用匿名的形式，通过问卷形式向专家征求意见，由评价方案的设计人员进行汇总、整理，再将这一轮结果作为参考资料发给各位专家，让他们在发表意见后，再次回收并进行数理统计，多次重复这一过程，直至意见

---

① 郑延福. 我国高等教育质量多元化评价指标的设计 [J]. 求索，2011 (5)：177 - 178.

趋于一致，确定评价指标权重的方法。

优点：每位专家都能独立地发表自己的意见；既能保证逐渐形成深思熟虑的观点，又能保证提出独到的见解和评定。

缺点：费时、费事；受专家的随意性影响较大。

（3）逆向法（又称逆问题法）

根据统计学原理，当样本量足够大时，样本的平均数就会较好地接近总体的平均数。在评价工作中，当参加评价的人员达到一定数量的时候，无论是先分项按指标评价后再综合评价，还是不分项直接进行综合评价，所得到的平均值都会比较客观。据此，在没有具体权重的情况下，同时进行分项评价和综合评价，然后通过综合运算的逆运算求得权重的方法，叫逆向法。

其具体步骤为：确定评价对象、分项评价、综合评价。

（4）层次分析法（Analytic Hierarchy Process，又称比较法）

层次分析法简称 AHP 法，这是多目标、多准则的决策方法。20 世纪 70 年代初由美国著名数学家斯塔首先引入教育评价领域解决权系数的确定问题。这种方法以人们的经验判断为基础，采用定性、定量相结合方法确定多层次、多指标的权重系数。先逐一判断每层次上指标的相对重要程度，并将两两比较判断的结果按给定的比率标度定量化，从而构成判断矩阵，通过计算矩阵的最大特征值及其相应的特征向量，得出该层次指标权重系数。

3. 评价对象多元化

评价对象作为评价的内容主体在教育评价中占有非常重要的地位，因为整个教育评价过程都是围绕评价对象展开的，不同类别的评价对象、不同发展阶段的同一类评价对象，对应的评价模式都是不同的。

人才培养的评价发展到今天，许多方面由于人们极端化的追求而走向它的反面。不仅无助于促进学生的健康发展，而且还阻碍着学生的发展，使学校、教师、学生成为评价的"奴隶"。因为评价片面强调知识的价值，忽视学生的主体价值，导致学生的畸形发展。最明显的表现就是教育评价在有些国家尤其是发展中国家，已演变成纯粹的升学考试的分数竞争，而根本不顾及作为学习成果的体现、学习的全面考核，评价被限制在测定记忆、理解有关知识为中心的极其狭隘的领域。而且在许多情况下，这种极端片面、狭隘的评价结果，不仅被视为整体学力的代表，甚至还被看作学生个人价值的代表。因此越来越多的学校为了得到能在外观上反映出的更为理想的评价结果，甚至不惜牺牲有助于学生发展的活动，将教学与学习限制在狭小范围之

第六章　大学人才培养模式的评价体系

内。最能说明这一问题的现象就是在升学竞争中，无论教师还是学生都只重视与提高升学考试分数有关的课程，至于与升学考试无关的课程、活动则被忽视。不仅如此，即使是升学考试科目，也是偏重知识的理解记忆及单纯运用，而忽视了对这些科目本来的认知能力、情感态度、价值观念的综合培养。所以在这种情况下，即使制订了比较均衡的课程学习计划，但实际的教学与学习活动也会在升学考试的压力下失去平衡。①

二、教育的卓越绩效准则——人才培养质量的评价方法

教育教学改革的根本目的是提高人才培养质量。人才培养质量有两种评价尺度。一种是学校内部的评价尺度；另一种是学校外部的评价尺度，即社会的评价尺度。社会对高等学校人才培养质量的评价，主要是以高等教育的外显质量特征，即高等学校毕业生的质量作为评价依据，而对高等学校内部的教育教学活动不太关注；社会对毕业生质量的整体评价，主要是评价毕业生群体能否很好地适应国家、社会、市场的需求。学校对人才培养质量的评价，主要是以高等教育的内部质量特征作为评价依据，即评价学校培养出来的学生，在整体上是否达到学校规定的专业培养目标的要求，学校人才培养质量与培养目标是否相符。因此，高等学校提高人才培养质量，就是提高人才培养对社会的适应程度、提高人才培养与培养目标的符合程度。

人才培养质量，既要接受学校自身对高等教育内部质量特征的评价，又要接受社会对高等教育外显质量特征的评价，因此，以提高人才培养质量为核心的高等学校人才培养模式改革，必须遵循教育的外部关系规律与教育的内部关系规律。

（一）卓越绩效准则

卓越绩效模式（Performance Excellence Model）源自美国国家质量奖评价标准《卓越绩效准则》。它以顾客为导向，追求卓越绩效管理理念，融合了当今世界最先进的管理理念和实践经验，适用于企业单位、事业单位、医院、学校。美国从1987年开始设立《卓越绩效准则》，分为商业、医疗和教育3类，用于奖励全国在这3个领域的最优秀组织。目前，卓越绩效模式

---

① 田中耕治. 教育评价［M］. 北京：北京师范大学出版社，2011.

已经是得到世界各国组织的广泛认同的一种组织综合绩效管理的有效方法与工具,全球有几十个国家和地区采用这一准则。

《卓越绩效准则》包括领导、战略、顾客和市场、测量分析改进、人力资源、过程管理、经营结果 7 个方面,① 标准命名为《卓越绩效评价准则》,表明全面质量管理(TQM)近年来发生了一个最重要的变化,即质量和绩效、质量管理和质量经营的系统整合,旨在引导组织追求"卓越绩效"。这个重要变化来自"质量"概念最新的变化:"质量"不再只是表示狭义的产品和服务的质量,而且也不再仅仅包含工作质量,"质量"已经成为"追求卓越的经营质量"的代名词。"质量"将以追求"组织的效率最大化和顾客的价值最大化"为目标,作为组织一种系统运营的"全面质量"。一个追求成功的企业,它可以从管理体系的建立、运行中取得绩效,并持续改进其业绩、取得成功。但对于一个成功的企业如何追求卓越。则"模式"提供了评价标准,企业可以采用这一标准集成的现代质量管理的理念和方法,不断促使自己的管理业绩走向卓越。

卓越绩效模式的本质是对全面质量管理的标准化、规范化和具体化。教育的卓越绩效准则,是人才培养质量的重要评价模式。

(二)核心价值观

卓越绩效模式建立在一组相互关联的核心价值观和原则的基础上。核心价值观共有 11 条:①追求卓越管理;②顾客导向的卓越;③组织和个人的学习;④重视员工和合作伙伴;⑤快速反应和灵活性;⑥关注未来;⑦促进创新的管理;⑧基于事实的管理;⑨社会责任与公民义务;⑩关注结果和创造价值;⑪系统的观点。

(三)人才培养质量评价的卓越模式

1. 远见卓识的领导

以前瞻性的视野、敏锐的洞察力,确立组织的使命、愿景和价值观,带领全体员工实现组织的发展战略和目标。

2. 战略导向

以战略统领经营管理活动,获得持续发展和成功。

---

① 田中耕治. 教育评价 [M]. 北京:北京师范大学出版社,2011.

第六章 大学人才培养模式的评价体系

3. 顾客驱动

将顾客当前和未来的需求、期望和偏好作为改进服务质量、提高经营管理水平及不断创新的动力,以提高顾客的满意度和忠诚度。

4. 社会责任

为组织的决策和经营活动对社会的影响承担责任,促进社会的全面协调和可持续发展。

5. 以人为本

员工是组织之本,一切管理活动应当以激发和调动员工的主动性、积极性为中心,促进员工的发展、保障员工的权益、提高员工的满意度。

6. 合作共赢

与顾客及其他相关方建立长期伙伴关系,互相为对方创造价值,实现共同发展。

7. 重视过程与关注结果

组织的绩效源于过程,体现于结果。因此,既要重视过程,更要关注结果;要通过有效的过程管理,实现卓越的结果。

8. 学习、改进与创新

培育学习型组织和个人是组织追求卓越的基础,传承、改进和创新是组织持续发展的关键。

9. 系统管理

将组织视为一个整体,以科学、有效的方法,实现组织经营管理的统筹规划、协调一致,提高组织管理的有效性和效率。组织经营管理过程就是创造顾客价值的过程,为达到更高的顾客价值,就需要系统、协调一致的经营过程。

三、模型分析

知识、能力、素质(KAQ)三位一体。在构成高等教育人才培养质量的知识、能力与素质三要素中,高等教育人才培养质量表现为因变量,而知识、能力、素质则为自变量。① 同时,由于能力的形成与提高不像知识的积累与知识结构的改善那样在短时间内较为显著,素质的养成也不是可以一蹴

---

① 马万民. 高等教育人才培养质量评价模型研究[J]. 中国软科学,2008(8):153-156.

而就的，因此，高等教育人才培养质量的评价模型可以构建如下：

$$Q = AK^n = (A_0 + e_1K)K^n \qquad (6\text{-}1)$$

模型中，Q（Quality）表示质量，A（Ability）表示能力，A_0 表示能力常数，e_1（Efficiency）表示知识—能力效率系数，K（Knowledge）表示知识，n（Nature）表示素质。

知识—能力关系模型

$$A = A_0 + e_1K \qquad (6\text{-}2)$$

表明：

①一个人能力的强弱主要取决于 K 积累的大小，同时，还受到 e_1 的影响。

②A_0 是非负数，它的大小表示一个正常人最基本的生存能力、思考能力、交流能力等。

③e_1 表示一个正常人获取单位知识后能力提高的大小，它是知识的增加导致能力提高的关键因素。不同的人具有不同的知识—能力效率系数，一个人的知识—能力效率系数在一定时期内相对稳定，其微小变动往往是多种因素共同作用的结果。另外，知识—能力效率系数往往又是一个很小的数值，因此知识储量、知识结构在短期内可以有显著的改变，但是，能力相对知识来说是相对稳定的，在短期内是不可能显著改变的。

知识—能力—素质关系模型

$$n = e_2 f(K,A) = e_2 f(K, A_0 + e_1k) \qquad (6\text{-}3)$$

式中，e_2 表示知识—能力—素质效率系数。表明：

①知识与能力影响一个人素质的高低。尽管理论界一般认为素质是由知识与能力升华内化而来，但是，由于能力是知识的函数，因此，素质归根结底来自知识的积累与知识结构的不断改善。

②e_2 用来反映知识、能力的改变对人素质影响程度的大小。与 e_1 一样，e_2 在一定时期内也相对稳定；同时，e_2 的数值也较小，即一个人的素质在短期内是相对稳定的，不会因为知识、能力的变化而显著变化。

③但是，值得注意的是，e_1 总是正数，而 e_2 既可以是正数，也可以是负数。这是因为 e_2 的赋值涉及人的心理、价值判断等问题。在一定的社会意识形态里，当一个人的 e_2 是负数的情况下，其知识越渊博、能力越强，则对社会的危害也就越大。因此高校必须特别重视大学生的思想教育，始终坚持正确的办学方向。

第六章 大学人才培养模式的评价体系

上述分析表明，高等教育人才培养质量评价模型 $Q = AK^n$ 中的 A 与 n 相对稳定，在短期内 A 与 n 都可以看作常数，只有 K 是可以改变的。因此古今中外的所有学校都以知识传授为主要教学活动，而不会单独开设能力培养课或者素质教育课，事实上，能力与素质的培养也不可能离开知识的传授而单独进行，且不同的能力与不同素质的培养必须融入不同知识组合的传授之中。尽管不同的高校、不同的专业开设不同的课程、传授着不同的知识，但是能力与素质在各种知识传授的教学活动之中逐步得到提高，在各种实践活动中得到内化、巩固和升华。

从短期来看，Q 表现为 K 的一元函数。但是，从长期来看，Q 却表现为 A、K 和 n 的三元函数。如果对人才培养质量评价模型 $Q = AK^n$ 的两端对 K 分别取一阶导数和二阶导数得

$$\frac{dQ}{dK} = nAK^{n-1}, \qquad (6-4)$$

$$\frac{d^2Q}{dK^2} = n(n-1)AK^{n-2}。 \qquad (6-5)$$

①当 $e_2 > 0$ 时，$n > 0$，从而，$\frac{dQ}{dK} = nAK^{n-1} > 0$，人才培养质量评价模型中的 Q 就是 K 的增函数。这从理论上证明了人们对人才质量与知识之间关系的一般认识：高质量的人才必须具备相对渊博的知识，知识的传授是培养高质量人才的必要条件。

②当 $n > 1$ 时，$\frac{d^2Q}{dK^2} = n(n-1)AK^{n-2} > 0$，人才培养质量评价模型中 Q 的增量的增加速度大于 K 的增量的增加速度。这就从理论上解释了知识的单位增加为什么会引起有的人质量提高较快的现象。从动态发展来看，高等教育培养的这类人才有较强的发展潜力和发展后劲。

③当 $0 < n < 1$ 时，$\frac{d^2Q}{dK^2} = n(n-1)AK^{n-2} < 0$，人才培养质量评价模型中 Q 的增量的增加速度小于 K 的增量的增加速度。这就从理论上解释了知识的单位增加为什么会引起有的人质量提高较慢的现象。从动态发展来看，高等教育培养的这类人才往往发展潜力和发展后劲不足。

④当 $n < 0$ 时，$\frac{dQ}{dK} = nAK^{n-1} < 0$，$\frac{d^2Q}{dK^2} = n(n-1)AK^{n-2} > 0$。同样，由数学中导函数知识可知，人才培养质量评价模型中 Q 是 K 的减函数，且当

$n < -1$ 时，知识的单位增加导致人才质量快速下降。事实上，当一个人的素质为负数时，也就是当一个人思想反动、道德败坏、仇恨社会的时候，必然是"知识越多越反动"。①

四、指标与权重

（一）评价指标的概念及体系构成

1. 评价指标

评价指标（Indicator of Evaluation）就是根据一定的评价目标确定的、能反映评价对象某方面本质特征的具体评价条目。指标是具体的、可测量的、行为化和操作化的目标，即指标规定的内容必须是看得见、摸得着的。指标是目标的观测点、测量点，是可以通过对客体的实际观察获得明确结论的。

2. 评价指标体系

评价指标只能反映评价对象和评价目标的一个方面或几个方面，评价指标体系则能反映评价对象和评价目标的全部。

评价指标体系（System of Indicators Used Evaluation）是衡量教育评价对象发展水平或状态的量标系统，在教育评价方案中处于核心位置。它是由不同级别的评价指标按照评价对象本身逻辑结构形成的有机整体，是系统化的、具有紧密联系的、并能较完整反映评价对象整体的一群指标或具体指标的集合。图6-1为师范类人才培养质量评价指标体系层次结构。②

（二）评价指标体系的设计要求

设计指标体系时要注意如下几个问题。

1. 一致性

既要使评价指标与评价目标一致，又要使下一层次的指标与上一层次的指标一致。

---

① 马万民. 高等教育人才培养质量评价模型研究 [J]. 中国软科学，2008（8）：153-156.
② 孙明保，李新平. 基于层次分析法的人才培养质量评价指标体系及模型构建：以地方院校师范类人才培养为例 [J]. 湖南理工学院学报（自然科学版），2011，24（2）：27-30.

第六章　大学人才培养模式的评价体系

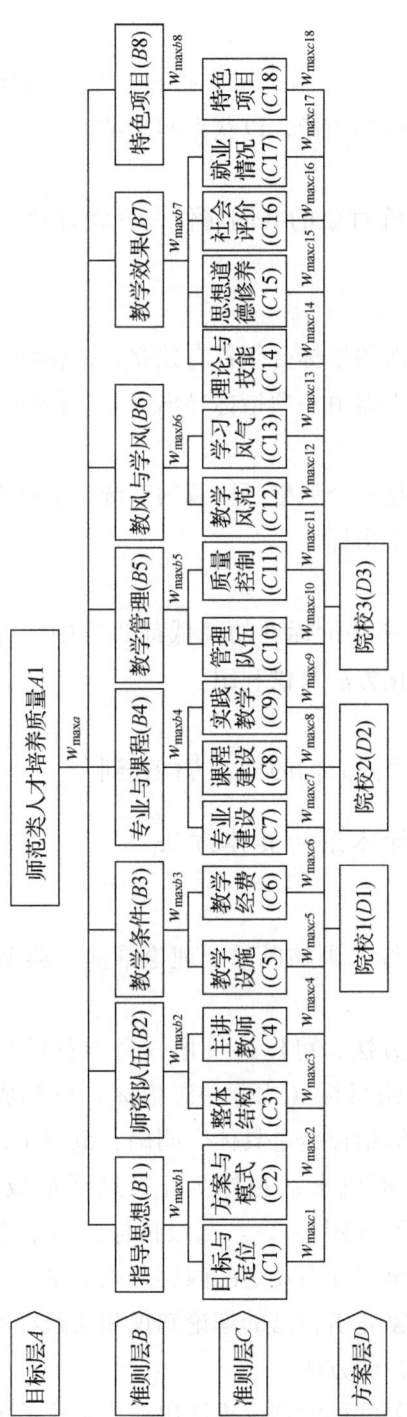

图 6-1　师范类人才培养质量评价指标体系层次结构

2. 可测性

评价指标系统中末级指标（最低层次指标）要用可操作化的语言加以界定，它所规定的内容可直接测量，以获得明确结论。

3. 可比性

评价指标必须反映评价对象的共同属性，反映评价对象属性中共同的东西。

4. 独立性

在指标体系内同一层次的指标必须各自独立，指标间不能相互重叠和包含，不能存在因果关系，不能由一项指标导出另一项指标。

5. 完备性

设计的指标体系必须是一个完整、协调的系统，能够全面地、毫无遗漏地反映评价目标或上一层次指标。

6. 可行性

设计评价指标的数量和评价标准的高低都要适中。有足够的信息、人力、物力和切实可行的量化方法可供利用。

7. 可接受性

设计的评价指标必须经过人们的努力方能达到。

（三）设计评价指标体系的具体方法

1. 初拟

可以采用分解评价目标、头脑风暴、理论推演、典型研究等方法初拟指标。

采用分解评价目标的方法，可以通过把教育的总目标分解为次级目标（或称一级指标），再将次级目标（或称一级指标）分解成二级目标。由高到低逐层进行，越是下一级指标越是具体、明确、范围小，直至分解到指标可以观察、测量、操作，形成末级指标为止。这样形成一个从一级到二级……直至末级的指标系列（图6-2）。二级指标还可根据需要分解为若干三级指标，依此类推，直至指标所规定的内容可以测量。

头脑风暴法是评价专家凭借自己的理论知识和实践经验，积极思维，进行智力碰撞，提出初拟指标的方法。

理论推演法是根据有关学科的理论推演出评价指标的方法。

第六章　大学人才培养模式的评价体系

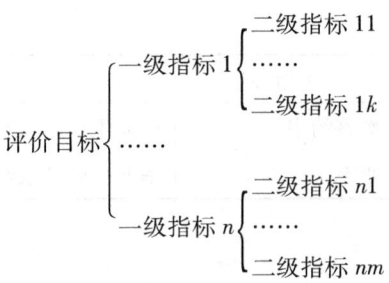

图 6-2　评价目标的分解

典型研究法是通过对某些典型人物或典型事例进行研究，从而设计评价指标的方法。

2. 筛选

初拟评价指标一般数量较多，有些能反映评价对象某方面的本质特征，符合评价指标设计的原则，但也有些评价指标不符合设计原则的要求，评价指标间相互包含、交叉、矛盾、互为因果关系。因此，还要对初拟指标进行比较、鉴别、筛选、归类、合并，形成符合要求的评价指标系统。进行这项工作的方法有逻辑法、经验法、调查分析法、聚类分析法和主要素分析法。

人才培养质量的社会评价指标体系如表 6-1 所示。

表 6-1　人才培养质量的社会评价指标体系

一级指标	二级指标	三级指标	指标内涵
用人单位评价	道德	思想政治素质	政治方向、思想信念、遵纪守法
		职业道德水平	爱岗敬业、乐于奉献
	能力	基础理论水平	公共基础知识、学科基础知识、专业领域知识状况
		实践能力	理论联系实践及获取知识、应用知识的能力
		表达能力	文字表达能力、口头表达能力
		创新能力	独立思考能力，创新意识、创新能力
		英语水平	英语基础知识能力、综合运用语言能力
		计算机水平	开展办公事务管理及其他计算机应用能力
	业绩	工作业绩	工作业绩、工作成就

113

新时代高校人才培养模式的理论与实践

续表

一级指标	二级指标	三级指标	指标内涵
非用人单位评价	就业	一次签约率	毕业生一次签约人数占总人数的比例
		就业率	毕业生就业人数占总人数的比例

（四）权重分析

1. 权重的意义

评价指标的权重（Weight）是表示某项指标在评价指标体系中重要程度的量数标志，是指标体系的重要组成部分。权重又称权数、权值、权系数。

各项评价指标在指标体系中的地位和重要程度是不同的。为了体现这些，就要为每项评价指标设定权重，这样才能达到客观、可比的要求。

2. 权重的数字表示

（1）小数形式

在评价中较多地运用小数表示评价指标的权重。把指标体系整体作为1，即小数的权重之和为1，各评价指标的权重为0~1的一个小数。若设 W 表示权重，W_i 表示第 i 项指标的权重，则 $0 < W_i < 1$，且同一层次上各项指标权重之和为1，即 $\sum_{i=1}^{n} W_i = 1$。

（2）百分数形式

它实际是小数形式的一种变形。百分数形式应满足以下两个条件：同一层次各项指标的权重是0~100%的一个百分数，即 $0 < W_i < 100\%$，且同一层次上各项指标权重之和为100%，即 $\sum_{i=1}^{n} W_i = 100\%$。

（3）整数形式

整数实际上是小数或百分数的整倍数。用整数形式表示指标权重，先规定同一层次上各项指标的满分值，常见的有100、500和1000，其中以100最为常见。若设 s 为同一层次上各项指标的满分整数值，则各项指标的权重在0~s，即 $0 < W_i < s$，且同一层次上各项指标权重之和为 s，即 $\sum_{i=1}^{n} W_i = s$。

第七章 研究总结与展望

一、研究总结

系统概念来源于人类的社会实践经验。马克思主义理论体系中关于物质世界普遍联系的观点及其整体性思想也就是系统思想。现代科学技术对于系统思想的重大贡献，一是使系统思想方法定量化；二是为定量化系统思想的实际应用提供了强有力的计算工具——电子计算机。这就为解决种种复杂的社会问题，包括人才问题创造了有利条件。

如果把国家的人才队伍和人才问题看作一个宏大的系统，首要的是进行宏观层面的思考与设计。对于国家的人才培养来说，系统的输入端主要是培养各类专门人才的学校，输出端主要是离退休环节。而对于作为办学单位的本科高校来讲，人才资源管理与开发是一个包括多要素、多层次、多结构、多环节、多流向、复杂的巨系统。

用系统论的思想与方法，搞好顶层设计、架构组合、实力布局、运行机制，发现系统运行中的问题，主要是实施战略瞄准，发现薄弱环节、关键缺陷，及时加以调节与改善。这是一项重大的社会系统工程，需要社会各方面的协调配合。系统工程理论认为，凡系统都具有全局性、关联性、综合性、实践性的特征，在研究与实施任何一项系统工程时，都要通过阐明问题、选择目标、系统综合、系统分析、系统选择与系统发展这样一个操作过程。人才培养的基础在教育，人才培养的成效在社会。只有把人才问题当作系统工程来抓，才能有序、高效释放全社会的人才能量，加快经济社会的发展。这样做，遵循的是系统培养开发人才的规律。

二、研究展望

本书在系统科学理论基础上对高校的人才培养模式做了相关研究，这些研究还是不全面、不成熟的，有些只是原则性的、框架性的，甚至有些只是理想性的，其中对人才培养的系统思想向系统实践的转化还缺乏实证研究，因此对如何依托系统科学对大学人才培养模式进行优化，还有诸多方面需要探索。例如，人才培养系统结构组成与相互关联、相互作用的机理；再如，我们通过研究知道大学人才培养模式具有整体性、关联性、层次结构性、动态平衡性等一般系统共有的基本特征，根据系统论的观点，系统整体性的外在表现就是系统功能。如何使系统具有我们所需要的功能，如何通过改变和调整系统组成部分、组成部分之间、层次结构之间及与系统环境之间的关联关系，使它们相互协调、协同，从而使系统在整体上涌现出我们满意的功能，实现系统控制或管理意义等方面，也还有待进一步的研究和实践。

附 录

新时代高校人才培养机制的调研报告
——基于走访皖、苏、浙5所高校的调研

课题组一行分别赴安徽师范大学皖江学院、扬州大学广陵学院、南京师范大学泰州学院、绍兴文理学院元培学院、浙江师范大学行知学院进行了学习考察及相关调研。通过了解这5所高校的办学概况、办学理念和办学特色,增长了见识、开阔了眼界;通过与兄弟院校的办学优势相比较,既看到自身的不足,又增强了改革与发展的信心。5所高校,各具特色,都有许多值得我们学习和借鉴之处。

一、5所高校专业建设与人才培养概况

(一) 安徽师范大学皖江学院

学院现设人文与传播系、外语系、经济系、管理系、电子工程系、化学工程系、视觉艺术系、音乐系、体育系、学前教育系10个系,并设有思想政治理论课教研部、实验中心和图书馆。学院现有本科专业36个,专任教师145人,兼任教师280人。现建有1个动漫研究中心,3个省级特色实训中心,4个省级特色专业,1个省级教学团队和近150个校内外实习(实训)和就业基地。

(二) 扬州大学广陵学院

学院依托母体——扬州大学办学,在学科建设、授课师资、教学实验设施等方面,充分共享扬州大学的优质教育教学资源。全院现有普通全日制本科生9800余人。设有文法系、经济管理系、机械电子工程系、土木电气工程系、化工与医药系、旅游与艺术系和基础部6系1部,41个本科专业均是从扬州大学优势学科和就业前景好的专业中遴选出来的,涵盖了经济学、法学、文学、理学、工学、农学、管理学、医学、艺术9个学科门类。学院

任课教师中教授、副教授比例达60%以上；同时，建立起完善的教学质量监控体系，切实保证教学质量。学院建有图书馆和计算机、语音、化学、物理、电子电工、绘画等设备先进的基础实验室，并可共享扬州大学丰富的图书资料和一流的专业教学实验设施。

（三）南京师范大学泰州学院

学院培养以文、理、经、管、工、艺和教师教育为特色的本科应用型专门人才。设有健全的行政、党委机构，建有13个院（系、部），有经教育部备案的44个本科专业，面向除港澳台以外的全国31个省份招生。学院师资队伍保障有力，紧密依托南京师范大学的优质管理和教学资源，院领导、部门、院（系、部）负责人和学科带头人均为南京师范大学选派的具有高级职称或副处级以上职务的教学与管理骨干。学院聘请了120余名学术界、政界、企业界的专家学者担任特聘教授、兼职教授和专业建设负责人；学院办学特色明显，应用型人才培养成果凸显。学院师范教育特色彰显，是全省三本院校唯一设有师范专业的学校，有12个专业承担师范生专业化培养任务。学院大力实施"质量工程"发展战略，确立了"素质高、基础宽、能力强、复合型"的应用型人才培养目标和人才培养体系。

（四）绍兴文理学院元培学院

学院办学定位准确、思路清晰，积极致力于内涵提升，办学规模不断扩大。目前拥有管理学等9个学科门类37个本科专业，设有经济与管理系、信息与电子系、工程与技术系、生命科学系、人文科学系、外语系、服装与艺术设计系和基础课部7系1部，拥有一支德才兼备、专兼职相结合、学历职称结构合理的师资队伍，在校生近8500人；目前已与加拿大亚岗昆学院、美国苏必利尔湖州立大学、英国考文垂大学、我国台湾的岭东科技大学等境内外多所高校签署合作协议，外派学生进行国际交流和对外学习深造。学院积极贯彻"以人为本、以德施教"的教育管理理念，努力营造"开放、民主、竞争"的校园文化，促进学生自我成才、自主学习和自我管理能力的培养，人才培养质量逐年提升。

（五）浙江师范大学行知学院

学院现有商学、法学、文学、艺体、理学、工学6个分院，涉及经济学、法学、教育学、文学、历史学、理学、工学、管理学、艺术学9个学科39个专业，区域经济学、化学和生物学3个学科与浙江师范大学联合培养硕士研究生。学院拥有一支高职称、高学历、高素质、教学经验丰富的师资队伍，现有专兼职教师470余人，在校生8000余人。学院依托母体优势与区域优势，坚持"行以求知，学以致用"的办学理念，着力打造专业知识跨学科复合，理论教学与行业应用相融合，自主学习与团队合作相结合，知识、能力、素养一体的，具有高度适应性、灵活性、开放性的人才培养体系。现有各级各类教学研究和建设项目410余项，其中浙江省高等教育质量工程项目23项。设有院级重点建设学科5个，品牌专业8个，其中应用化学为省级重点建设专业。学院积极推进应用性课程建设，现有重点建设应用性课程（群）240余门，其中高等数学、生产运营管理为省级精品课程，5部教材为省级重点建设教材。现有21个院级重点建设教学实验室（实验教学中心），其中5个为省级合格教学实验室（实验教学中心）。学院致力于培养实基础、厚素养、精技能、强能力、善创新的高素质本科应用型人才。着力产学研合作教育，聘请兼职实践教学教授200余人，与180余家企事业单位建立合作关系，开设人才培养特色班20余个。积极推进开放办学，加强国际交流，现与美国、日本、韩国、乌克兰等国家的20多所高校建立交换生或联合合作关系，利用国际优质教学资源培养学生。

二、专业建设与人才培养方面的收获与体会

本次调研主要采用的是参观、访问、座谈及查阅人才培养方案的方法，加上调研时间相对有限，因此，对这些学院专业建设与人才培养的一些具体做法或细节了解得还不够透彻。但通过与兄弟院校领导、教师的交流，还是启发了我们对专业建设与人才培养改革的思路，加深了对应用技术性本科教育发展的认识。

通过5所高校领导对他们各自学院发展的概括和介绍，我们看到，在创办初期，这些学院专业建设与人才培养上基本上是照搬申办高校的做法，表现为"带土移植"，经过多年的自我建设，现已基本做到去土留根、繁枝新芽，逐步形成了自己的办学特色和办学优势。

（一）办学方向和培养目标非常明确

由于苏、浙地区的经济较为发达，几所学校牢固树立了服务地方经济发展的思想，专业设置紧紧围绕产业结构和社会发展的需求，面向生产、建设、服务，管理"灰领"工作岗位，培养应用型高级人才。扬州大学广陵学院提出了以就业为导向、以服务为宗旨，走产学研结合发展道路的发展方向。因此，学院与企业、与学生贴得很紧，完全融入、密不可分，专业设置

和课程设置针对性很强。他们在提高教学质量和学生技能培训上狠下功夫，办出了特色。绍兴文理学院元培学院着力培养为地方区域经济服务的人才，引入行业标准，加强学生应用能力的培养，人才培养适销对路，学生就业质量非常好。

（二）专业建设发展定位比较明确，初步形成各自专业优势

培养应用型本科人才、发挥母体学校的专业优势、坚持错位发展、优势互补是这些学院专业建设与人才培养的主要途径。这在这些学院的办学定位、人才培养目标与人才培养方案上都体现得较为清楚。例如，浙江师范大学行知学院充分利用和发挥母体学校的学科优势，注意错位发展，不断完善人才培养方案，突出实践性、应用性要求，以应用技术能力为主线，学校与企业结合、专业知识学习与专业实践技能学习结合、上岗工作与学习实践结合，整合了学科优势。另外，行知学院进行国际经济与贸易、法学、汉语言文学、英语、旅游管理5个专业的复合班探索，构建了符合市场需求的复合型人才培养课程体系。

（三）初步建立了一支相对稳定、专兼结合、素质较高的师资队伍

教师是保证教学质量的关键要素，师资队伍建设是专业建设中的重要内容，建立一支结构合理、水平高、适应专业发展需要的教师队伍是这5所高校领导的共识。这5所高校在职教职工人数都在200～300人，基本能满足专业建设，并保证人才培养的需要。其中，南京师范大学泰州学院聘请了120余名学术界、政界、企业界的专家学者担任特聘教授、兼职教授和专业建设负责人，保证了专业建设卓有成效；绍兴文理学院元培学院的教师主要由在编与人事代理人员构成，有170多人，能满足各专业教学80%的工作量；浙江师范大学行知学院的教师主要是母体学校分流的教师，其中浙江师范大学于2009年一次分流100多位教师到行知学院，从而拥有一支相对稳定、高职称、高学历、高素质、教学经验丰富的师资队伍，较好地保证了教学质量，也有力地提升了行知学院的科研水平，行知学院教师近5年共承担各级科研课题760余项，其中省部级82项，国家级51项，出版专著、教材49部，共发表学术论文2780余篇，其中权威论文6篇，被SCI收录77篇，一级论文101篇。这也是行知学院一直能在独立学院排行榜中稳居前10位的主要原因。

（四）基本形成了适应应用型本科人才培养的实践教学体系

实验实训基地是实践教学的载体，是应用型本科人才培养中重要的物质

基础，直接决定了"知识"与"能力"能否成功地进行相互转化。通过这些学院领导的介绍，他们专业建设实践教学体系建设主要是从以下几个方面入手：第一，围绕应用型人才的培养目标，建立了适应独立学院专业建设的课程体系。第二，重视实验实训环节。实验室生均面积、生均教学科研仪器设备价值符合大部分专业布点。例如，绍兴文理学院元培学院的物流管理专业就建立了仿真的物流实训室，这种紧贴生产实际和教育实际的教学模式，为学生提供了全真的实训环境，提高了学生的专业水平和实践动手能力，缩短了走上工作岗位的适应期，为提高就业竞争力、增强岗位胜任力打下了良好的基础。第三，注重校企合作，构建了各具特色的人才培养模式。例如，绍兴文理学院元培学院每周一天让学生到企业参与实训；浙江师范大学行知学院则是充分利用寒暑假的第二课堂加强学生的实践教学。另外，这5所高校有个共性，都想方设法把企业负责人请进学院，加入专业指导委员会，帮助学院建设专业。

三、启发与思考

通过这5所高校领导的介绍，我们能清晰地感受到这些学校在发展历程中，逐步构建现代大学制度并完善董事会领导下的院长负责制的治理结构；在专业建设与人才培养上，始终着力优化专业结构、改革课程体系、改进教学方法、构建实践教学平台、加强教学督导、完善人才培养方案、想方设法提高人才培养质量与社会市场需求的吻合度。对比这5所高校，从课题组所在独立学院的办学来看，由于得益于母体学校优质教师的资源保障及学院规范有序的教学管理运行程序，学院较好地保障了人才培养的质量，在专业建设也取得了一定的成绩。但由于过度依赖校母体学校的师资，在专业建设、质量工程、人才培养模式改革、课程改革、办学特色等方面还是举步维艰，存在诸多不足及有待改善的方面。

（一）学院治理与人才培养方面的问题

1. 办学理念亟待更新

学院长期依赖母体办学，对大学办学的理解跟不上时代发展形势，部分教职工对建设应用本科学院的要求认识不清，教育观念、管理思想较为陈旧。

2. 学院专业建设没有系统的长期规划

学院内部对专业建设重视程度不高。由于缺乏两级管理，各专业建设的主动性不强。重点专业在人、财、物上的支持有限。专业建设与区域经济社会快速发展、地方产业转型升级的需求契合不够，服务经济社会发展能力尚待增强。

3. 专业带头人配备不足

各专业建设缺乏相应规划，建设方向不明朗。教师队伍素质、能力、结构与高素质应用型人才培养的需求还不适应，教师的实践教学能力亟待提升，具有企业工作经历、较高专业技术水平和较强实践能力的兼职教师亟待充实。

4. 学院内部治理还需完善

管理的动力机制不强，员工的服务意识、执行能力与工作效能还有待提高；主动顺应时代要求，加快改革进程，构建现代大学制度亟待深入。

5. 学科专业设置有待完善

专业设置与母体学校雷同，重点不够突出。学院现有专业主要是依托母体学校非常成熟并具有品牌效应的一些热门学科来设置，这样一方面可以借鉴母体学校的经验，在一个比较高的起点上开展规范的教学管理，保证教学质量；另一方面充分依靠母体学校的师资优势，也极大地节约了成本。但专业设置过度一致、雷同，不利于学院形成自身的优势学科和特色专业，学生的竞争性也相对较弱，将在一定程度上影响学院的可持续发展。

6. 人才培养模式改革有心无力

由于缺乏相应的人、财、物，心存构想而却难有实质进展。学生的创新精神与实践能力的培养经验不足，人才培养目标规格和人才培养模式尚待改革创新。

7. 学院与行业企业紧密联系的体制机制不活

校企合作的紧密度不高，产学研深度融合尚待提升；实践教学条件极为有限，学生的应用能力培养难有保障。

（二）大学治理与人才培养方面的思考

1. 专业调整与改造工程

（1）建设思路

坚持以服务社会发展和市场需要为宗旨，以促进就业为导向，以培养适应产业转型升级和公共服务发展需要的高层次应用技术型人才为主要目标，按照"传承一批、改造一批、创设一批"的专业建设思路，积极主动适应国家及区域经济和社会发展的需要，对接国家支柱产业、战略性新兴产业和现代服务业人才需求，调整专业结构，深化教育教学改革，切实加强专业教学团队和教学基本条件建设，实施专业实体兴院战略，分计划、分类别、分层次重点建设一批优势突出、服务能力强、社会声誉高、有较强示范作用的专业，促进专业协调发展，提升学院整体办学实力和办学水平。

（2）目标任务

以努力构建一个以能力培养为核心的、与地方经济发展相适应、结构合理、特色鲜明的高素质应用技术型本科专业体系为目标，具体要求是：在现有38个专业基础上，调整新增8~10个本科专业，重点新增服务地方新兴产业和国家战略性新兴产业的本科专业，实现本科专业数36~46个，其中省级特色专业3~4个，省级转型发展试点专业1~2个，学院品牌专业5~6个。形成教师教育类、经管工商类、艺术设计类、音乐艺术类、文艺传播类、建筑工程类、机械工程类等专业群。

传承一批优势教师教育专业。学院10个教师教育专业办学较成熟，招生就业形势良好，人才培养质量有较好保障，是学院可继续发展的办学基础。需进一步巩固原有专业优势，加强内涵建设，更新教师教育理念，按照控制规模、打造精品、突出应用的要求进行建设和改造，做强做优，力争建成3~4个学院品牌专业。

改造一批应用性较强的现有专业。围绕学院专业群的建设，建立专业发展动态调整机制。从学院28个非教师教育类专业中，选择专业特色较鲜明、师资力量雄厚、就业质量较好的专业进行重点改造，调整优化人才培养标准和人才培养方案，积极探索具有我院特色的应用技术型人才培养模式。重点改造和培育国际经济与贸易、会计学、法学、电子信息工程、服装与服饰设计、环境设计、社会体育等专业，力争建成1~2个省级转型发展试点专业。同时，调整、整合现有专业，对生源不优、就业困难、市场前景差的专业采取停招或缓招措施。

创设一批适应产业转型升级和公共服务发展需要的专业。根据国家《现代职业教育体系建设规划（2014—2020年）》中的经济和社会重点领域人才需求，加强学科专业间的交叉与融合，大力培植新的专业生长点。每年申报就业形势向好、与地方产业紧密对接的专业2~3个，主动适应社会和经济发展的需要。重点申报现代制造业、现代服务业、战略性新兴产业、现代文化产业、现代社会建设与管理方向的新专业，如信息与计算机应用、房屋建筑工程、汽车轨道工程、机械与自动化工程等。

(3) 主要措施

实施学院（系）实体兴院战略。学院成立专业建设领导小组，实施以专业建设为龙头的学院总体发展战略和学院（系）实体兴院战略。强化专业分类管理，根据社会发展和人才培养的需要，整合同类专业，优化学科专业布局，逐步形成较为合理的学科专业群。以学科专业群为单位，撤系建院。大力推进院系二级管理改革，建立责、权、利相协调的专业建设与发展机制。

加大专业建设经费投入。以应用性专业、特色专业为重点，合理规划、投放、使用和管理建设经费，提高资金使用效率，切实保障基本办学条件建设经费、课程建设经费、实践教学经费；优先选派重点、特色专业师资到国内外高校或企业学习、进修、培训。

建立专业评估与检查制度。完善本科专业建设标准，创新专业管理模式，构建完善的专业申报、预警、退出机制。建立并完善专业负责人制度，加强专业建设的规范管理，建立健全专业办学质量自我管理、自我监控机制，构建专业建设评估指标体系，定期检查各专业建设的进展情况，对传统专业、重点专业和特色专业核定不同的评价标准，并配套相应的激励措施，形成有效的竞争机制。

推出一流专业建设计划。坚持专业建设非均衡发展，实施"专业特区"政策，按照"做优、培强、创新"3个层次，推出"同类一流专业"攀登计划、"省内领先专业"提升计划、"新兴特色专业"创设计划，分类建设并冲击国内一流的优势专业、省内领先的强势专业和新兴特色专业。

2. 师资引培与优化工程

(1) 建设思路

坚持师资建设的基础性、战略性、长期性地位，以建设一支数量充足、结构合理、素质精良、充满活力的师资队伍为目标，以"四个并重"即"引进与培养并重、待遇与要求并重、管理与服务并重、教学与科研并重"为要求，优化教师队伍管理与服务举措。秉持"用人为先、人尽其才""不求所有、但求所用"思想，创新教师队伍建设举措，为学院转型发展和质量提升打下坚实的人才基础。

(2) 目标任务

以学生规模 8000~10 000 人为规划目标，按师生比达到 1∶18 为要求，学院师资总数（含外聘）要达到 500 人左右，其中自有教师人数达 300 人左右，占总师资的60%以上；各长线和优势专业配备自有教师10名以上；自有教师中副高以上职称教师达到90~100人，占自有教师人数的30%以上；博士学历教师达到60~80人，占自有教师人数的20%以上，100%具有硕士学位；专兼职"双师型"教师（含外聘）的比例达到30%以上；各专业培养1名专业水平高、行业影响力强的专业带头人，形成6~10个教学科研团队；教师在核心期刊上每人年均有1篇以上论文发表，每个专业每年新增1~2项省级以上课题。大力营造充满活力、富有效率、更加开放的人才引培环境和科研氛围。

（3）主要举措

加大人才引进力度，细化人才引进措施。制定学院《高层次人才引进办法》《人才队伍建设规划》，设立人才队伍专项经费，强化学系在人才引进中的主体责任和作用，完善博士、硕士、优秀硕士分类引进措施，从组织、制度、经费上保障人才引进工作。

盘活学校资源，吸引母体学校教师和学院学有专长的教职工充实教师队伍。完善向教师倾斜的各项优惠措施，鼓励学院学有专长的非教学科研岗人员，提升教学科研能力，对任职满2年、具有硕士以上学历的辅导员和其他行政人员，经考核可以申请转岗或兼职担任相关专业教师，充实教师队伍。谋求学校支持，从母体学校吸引具有较高职称、较高学历、较高教学水平的专任教师调剂入我院，加快骨干教师队伍发展进程。

注重青年教师培养，实施青年教师职业生涯发展支持计划。完善《教职工继续教育管理办法》，以青年教师可持续发展为目标，构建以老带新、学历提升、技能培训、学术研究多位一体的青年教师培养体系。鼓励青年教师提高学历学位，选派优秀教师到知名高校和科研院所研修访学，选派青年专业教师到相关企业顶岗实践和专业培训，获取职业资格证书。

盘活社会人才资源，实施外聘教师队伍建设计划。加强校企合作、产教融合力度，建立"双师型"人才引进机制；转变人才引进思维模式，本着"不求所有，但求所用"的策略，柔性引进社会高层次人才和有实践经验的高级技术人才，建立外聘师资资源库。

注重团队建设，实施教学科研团队培育计划。浓厚学术研究氛围，围绕专业建设、课程建设、项目建设，加强教学科研团队建设。整合师资力量，借助母体学校和校企合作平台，积极开展实践取向下的教学改革和科学研究。

建立教师分类管理制度，完善教师激励机制。探索不同类别教师的多样化、个性化管理办法，建立健全教师职称评聘和管理机制，实行优胜劣汰的师资动态管理；深化学院绩效分配制度改革，向高层次人才和教师倾斜，切实提高优秀人才待遇；进一步加大教学、科研成果奖励力度，形成人人尊重教师、聚力教学、关注科研的办学氛围。

3. 人才培养模式革新工程

（1）建设思路

以培养应用技术型人才为目标，从社会对人才的需要和学生发展的需求出发，根据不同专业和职业特点，强化教学过程的实践性、开放性、职业性，培养学生综合职业素养，提高综合职业能力，探索建立"以学练为中心"的教学体系。充分整合资源，建立校企、校校互惠共赢的合作育人机制，努力实现校企和校校在人才、设备、场地等资源共享，使产教融合、校企合作、工学结合等办学模式制度化、规范化、常态化，积极探索强应用、有特色、个性化的人才培养模式。

（2）目标任务

确立人才培养的中心地位，创新人才培养模式。推进"以学练为中心"的教学体系建设，努力满足学生对专业的理性选择、对知识和能力结构的理性选择、对教师和教学方式方法的理性选择、对自主发展多样成长的理性选择。将创新创业教育改革作为人才培养体系改革的重要抓手，使创新创业教育贯穿人才培养的全过程。以满足学生发展需求和适应社会发展为价值导向，充分吸收并准确把握现代应用技术型人才培养的新思想、新要求，实施能力取向下的人才培养模式的创新设计和改革实践，实现育人理念、目标规格、课程体系、课程内容、路径方式的全面创新。使人才培养在教学运行上有"案"可循、在质量标准上有"法"可依、在实践反馈上有"效"可验。

（3）主要举措

更新教育教学观念。以"理论知识管用够用、综合素质全面好用、实践技能娴熟顶用"为要求，进一步明确知识、能力、素质的相互关系。注重社会市场需求，突出应用能力培养；注重学生一技之长的培养，鼓励学生的个性化发展；注重学生的人文修养，消除过窄的专业限制，为学生未来的职业发展和专业成长奠定基础。

修订人才培养方案。把"教—学—做"三位一体实践教学体系的构建作为人才培养模式改革的切入点,细化人才培养标准(培养目标和培养规格),强化创新创业教育,加大实践性教学学分比例,针对职业素养、岗位能力、创新精神培养设置课程,构建与现代职业人才知识结构、能力结构、职业素养结构相吻合的理论课程体系和实践教学体系。开设有利于学生多样化、个性化发展的选修课程与选修模块课程。实现通识教育、专业教育、职业教育的有效融合和动态平衡。积极推行"双专业双学位""自主转专业"等制度,扩大学生的专业和课程选择权。建立创新创业学分积累与转换制度,推行弹性学制,鼓励支持学生创新创业。

实施"名课"培育计划。确立课程建设的基础地位,实施教学内容改革;出台精品课程评选和奖励政策,创建精品课程;探索实践环节的课程化,建设实践实训课程,丰富课程体系;整合课程体系,建设模块化课程;引进和建设优质网络课程,增加课程的有效供给。

探索教学内容与教学方法改革。开设应用型人才培养的改革试验班、特色计划,通过订单培养、学做交替、任务驱动、项目导向、顶岗实习等具体形式,积极构建和培育有利于增强学生职业能力、就业能力和创新能力的教学模式。实施教学方法改革,探索现场教学、案例教学、探究式教学、任务驱动式教学、翻转课堂等多种教学方法,将理论教学、现场教学和实验教学有机结合,增强学生自主学习能力,提高教学的有效性。

构建实践教学体系。结合专业特点和人才培养要求,分类制定实践教学标准,完善实践教学质量评价体系,增强实践教学的系统性、创新性和有效性。实践教学对接最新职业标准、行业标准和岗位规范,紧贴岗位实际工作,提高实验实训要求。改善实验实训条件,增加综合性实训项目、生产性实训项目,建设集实践教学、职业技能培训与鉴定、技术服务为一体的校内外实训基地。加强第一课堂和第二课堂的有机结合,鼓励学生参加各类课外学术和技能竞赛,以赛促训、以训促学。

与行业企业深度合作。强化"产教融合""工学结合",与企业互动共赢,积极探索校企合作人才培养模式,实现4个对接:根据行业企业需求,适时调整专业,推动专业设置与产业需求对接;深入行业企业调研,引入行业规范和岗位标准,共同构建课程体系及课程标准,推动课程内容与职业标准对接;校企共建校内外生产性实训基地,建立"校中厂""厂中校",推动教学过程与生产过程对接;引入职业技术规范,将相关课程考试考核与职业技能鉴定合并进行,落实"双证书"制,推动毕业证书与职业资格证书对接。

4. 科研提升与申硕工程

（1）建设思路

进一步优化科研激励机制，鼓励教师服务教学、服务实践、服务社会的特色科研；遵循学科建设规律，科学地分析学院专业发展及师资队伍状况，整合内外人才资源，遴选、引进学科带头人，建立导师队伍，凝练申硕方向。通过"以申促建""以申促改""以申促研"，推动学术梯队建设和学术科研骨干培养工作，提升核心竞争力。

（2）目标任务

实现年均科研经费20万元以上；获国家自然科学基金、社科基金项目2~5项，获省部级自然科学基金、社科基金项目15~25项；获省部级科技奖项2~3项；获国家授权专利20项以上；在北大核心期刊发表论文40~100篇，在CSSCI、CSCD、SSCI、SCI等检索期刊发表论文20篇以上；承担横向科研项目达到30项以上；具备硕士生导师资格人数20~30人，实现与江西师范大学联合培养招收专业硕士研究生3~5个方向；力争获得硕士学位授予权单位。

（3）主要举措

制定建设规划。认真学习、研究硕士研究生学位点申报相关政策和经验，进一步明确申请列为硕士学位授予单位及相关主要学科、专业的指标体系；进一步明确拟建设学位点立项建设任务，制定与母体江西师范大学联合培养专业硕士再到独立申请获取硕士学位授予权单位的分步走的硕士点建设规划。

建设科研团队。引导教师进一步明晰学科专业归属和研究方向，凝聚力量，多途径、多模式加快培养和选拔学科带头人、学术带头人、科研骨干；创新人才聚集机制，组建学科专业团队、研发创新团队，优化学术资源配置，提高整体科研能力，发挥团队优势。进一步明确重点学科、优势专业，大力扶植、重点培养申报硕士点方向的学术科研增长点，为申报专业硕士学位授权点的建设打下坚实基础。

凝练科研特色。凝聚科研力量，培育特色研究，以应用研究和开发研究为重点，逐步拓宽科研领域并形成特色；明晰教师专业发展方向，引导教师正确处理教学、科研、实践运用的关系，把科研作为对教师考核和评价的重要内容之一。

提升科研层次。加强与国家、省、市等各级科研项目管理部门的联系，强化预审环节，提高项目申报命中率。进一步完善科研奖励制度和重大项目培育制度，努力实现获批各级各类科研项目、科研成果、发明专利、科研到账经费实现较大幅度的增长，力争在省级、国家级科研成果奖项上取得新的突破。

开展学术交流。与行业企业、高校、科研机构等开展学术交流，聘请国内外著名专家学者担任学校名誉教授或客座教授讲学和交流，进一步浓郁学术氛围；加大教师参加国内外学术交流的支持力度。

推进政产学研合作。搭建学院与政府、企事业单位的合作平台，组织科研团队到企事业单位开展合作；积极引导教职工开展面向基础教育和地方经济建设与社会发展的应用研究；制定横向科技项目管理办法和应用研究评价体系，为地方政府和企事业单位提供有参考价值的调研或咨询报告。

5. 学院治理能力提升工程

（1）建设思路

顺应国家高等教育的改革发展趋势，以学院大学章程的制定为切入点，聚焦体制机制的变革与优化，以探索建立董事会领导下的院长负责制为重点，全面实施综合改革，正确处理好母体学校与投资方的关系、行政权力与学术权力的关系、依法办学与自主办学的关系、学院抓顶层与学系抓运行的关系；进一步明确人权、事权、财权的规范使用，明确责任、义务、利益及其相互关系；强化大学的"人才培养、科学研究、服务社会、引领文化"四大职能，推动建立中国特色的现代大学制度，加快学院转型发展。

（2）目标任务

破除制约学院办学发展的体制机制弊端，摒弃陈旧的发展模式，消除办学陋习，探索建立董事会领导下的院长负责制，形成"董事会领导、院长负责、党委监督、教授治学、民主管理"的学院治理规范，完善内部治理结构，建立健全以《学院章程》为统领的制度体系，强化制度执行力；加强各级学术组织建设，保障学术委员会独立行使职权；健全民主管理、民主监督工作机制；搭建社会力量参与学院发展的平台，丰富支持学院发展的组织形式；激发内部治理情感，提升内部治理能力。

（3）主要举措

推进机构和院系二级管理体制改革。以"强教学、大学工、特科研、精行政"为改革指向，以建立并完善院系二级管理体制机制为抓手，明确

新时代高校人才培养模式的理论与实践

教学的中心地位，强壮教学实体；明确行政的服务属性，精简行政机构；明确育人的共同本质，优化学工组织；切实强化学系在办学中的主体责任与职权，逐步形成职能定位清晰、管理重心下移、资源配置合理、责权利相互统一，有利于提高效能、增强活力的管理体制机制。

推进人事和收入分配管理机制改革。以"精干高效、人尽其才、奖优罚劣、非升即走"为改革导向，全面实行定编、定岗、定责，创新选人用人机制，强化岗位、淡化身份、双向选择、相对组阁。探索实施职员聘任制、职称聘任制、非升即走制。逐步完善以业绩、贡献和能力水平为导向的绩效考核评价与分配体系，形成有利于优秀人才脱颖而出和充分施展才华的体制机制。加大分配制度改革力度，坚持效率优先、同工同酬、兼顾公平的原则，探索具有激励竞争功能的差异化收入分配机制。

推进学术化和民主化管理平台改革。进一步强化并完善学院学术委员会、教职工代表大会、董事会的功能职责，凸显学院的学术组织属性，强化教师在人才培养、学术活动中地位和作用。高举"尊师爱生"旗帜，坚持教职工代表大会制度、学生代表大会制度、院务公开制度、投诉监督制度和信息反馈制度等，充分尊重和保障师生、员工对学院事务的知情权、参与权、评议权、监督权，妥善处理事关师生切身利益的重大事务，推动师生参与学院管理的制度化、规范化、常态化建设，不断提高现代大学的管理水平。

推进数字化和信息化管理手段改革。以共青新校区建设为契机，顺应"互联网+"的发展趋势，全面启动数字化校园建设，明确功能要求，与校园基本建设同规划、同设计、同施工、同使用，搭建好高效管理、方便师生的信息化管理服务平台。

参考文献

[1] 马克思，恩格斯．马克思恩格斯全集（42卷）[M]．北京：人民出版社，1979．

[2] NEEDHAM J．中国科学技术史 [M]．北京：科学出版社，2008．

[3] 伯顿·克拉克．高等教育系统 [M]．杭州：杭州大学出版社，1994．

[4] 杜卡斯．爱因斯坦：论人生 [M]．北京：世界知识出版社，1984．

[5] 王承绪．高等教育新论：多学科的研究 [M]．杭州：浙江教育出版社，2001．

[6] ALEXANDER C．The timeless way of building：center for environmental structure series [M]．New York：Oxford University Press，1979．

[7] 菲利普·阿特巴赫，贾米尔·萨尔米．世界一流大学：发展中国家和转型国家的大学案例研究 [M]．上海：上海交通大学出版社，2011．

[8] 保罗·朗格朗．终身教育引论 [M]．周南照，陈树清，译．北京：中国对外翻译出版公司，1985．

[9] 钱学森，等．论系统工程 [M]．长沙：湖南科技出版社，1982．

[10] 田中耕治．教育评价 [M]．北京：北京师范大学出版社，2011．

[11] 张彤．中国高等教育改革与可持续发展 [M]．厦门：厦门大学出版社，2003．

[12] 王植彬，等．现代人才素质概论 [M]．北京：中央编译出版社，1996．

[13] 孟昭兰．普通心理学 [M]．北京：北京大学出版社，1999．

[14] 利伯特．发展心理学 [M]．北京：人民教育出版社，1983．

[15] 周晓虹．现代社会心理学 [M]．南京：江苏人民出版社，1993．

[16] 苏东水．管理心理学 [M]．上海：复旦大学出版社，1998．

[17] 彼得·圣吉．第五项修炼 [M]．郭进隆，译．上海：上海三联书店，2002．

[18] 查有梁．系统科学与教育科学 [M]．北京：人民教育出版社，1993．

[19] 查有梁．教育建模 [M]．南宁：广西教育出版社，1998．

[20] 颜泽贤．教育系统论 [M]．郑州：河南教育出版社，1991．

[21] 薛惠锋，卢亚丽，陶建格，等．管理系统工程新论 [M]．北京：国防工业出版社，2008．

[22] 薛惠锋．现代系统工程导论 [M]．北京：国防工业出版社，2006．

[23] 中华人民共和国教育部高等教育司．地方本科院校人才培养目标、模式与方法的研究与实践 [M]．北京：高等教育出版社，2010．

[24] 刘少雪. 高等学校本科专业结构、设置及管理机制研究 [M]. 北京: 高等教育出版社, 2009.

[25] 北京市教育委员会高教处. 专业型院校人才培养模式的改革与创新 [M]. 北京: 北京体育大学出版社, 2010.

[26] 苗东升. 系统科学精要 [M]. 3版. 北京: 中国人民大学出版社, 2010.

[27] 许国志. 系统科学与工程研究 [M]. 上海: 上海科技教育出版社, 2000.

[28] 魏所康. 培养模式论: 学生创新精神培养与人才培养模式改革 [M]. 南京: 东南大学出版社, 2004.

[29] 曾珍香, 顾培亮. 可持续发展的系统分析与评价 [M]. 北京: 科学出版社, 2000.

[30] 美国鲍得里奇国家质量协会. 教育类卓越绩效准则 [M]. 焦叔斌, 译. 北京: 中国人民大学出版社, 2005.

[31] 何中华. 现代语境中的大学精神及其悖论 [J]. 文史哲, 2002 (1): 9-16.

[32] 张人杰. 国外教育社会学基本文选 [M]. 上海: 华东师范大学出版社, 2009.

[33] 王伟廉. 人才培养模式: 教育质量的首要问题 [J]. 中国高等教育, 2009 (8): 24-26.

[34] 朱清时. 历史大变革的时候, 机遇最重要 [N]. 南方周末, 2011-07-11 (1).

[35] 文育林. 改革人才培养模式, 按学科设置专业 [J]. 高等教育研究, 1983 (2): 71-77.

[36] 蔡炎斌. 高校创新人才培养模式之探索 [J]. 湖南师范大学教育科学学报, 2006, 5 (2): 79-81.

[37] 刘智运. 改革人才培养模式, 培养创新型人才 [J]. 教学研究, 2010 (6): 1-6.

[38] 刘红梅, 张晓松. 21世纪初高教人才培养模式基本原则探析 [J]. 齐齐哈尔医学院学报, 2002 (5): 589-590.

[39] 翟安英, 石防震, 成建平. 对高等教育创新型人才培养及模式的再思考 [J]. 盐城工学院学报 (社会科学版), 2008 (2): 64-68.

[40] 李文霞. 苏霍姆林斯基的最优化教育系统工程的启示 [J]. 建材高教理论与实践, 2000 (5): 108-109.

[41] 邬大光. 关于人才培养模式的若干思考: 在"应用型本科院校人才培养模式改革与创新论坛"上的报告 [J]. 白云学院学报, 2010 (1): 5-8.

[42] 朱宏. 高校创新人才培养模式的探索与实践 [J]. 高校教育管理, 2008 (3): 6-11.

[43] 李文鑫, 黄进. 跨学科人才培养的理论研究 [M]. 武汉: 武汉大学出版社, 2004.

[44] 李志义. 谈高水平大学如何构建本科培养模式 [J]. 中国高等教育, 2007 (15): 34-36.

[45] 潘懋元. 多学科观点的高等教育研究 [J]. 高等教育研究, 2002, 23 (1):

10 – 17.

[46] 包国庆．教育是一项系统工程［N］．科学时报，2000 – 07 – 11 (4)．

[47] 包国庆．教育系统工程的内涵与类型［J］．高等理科教育，2003 (3)：20 – 24．

[48] 董泽芳．高校人才培养模式的概念界定与要素解析［J］．大学教育科学，2012 (3)：30 – 36．

[49] 刘献君，吴洪富．人才培养模式改革的内涵、制约与出路［J］．中国高等教育，2009 (12)：10 – 13．

[50] 艾宁，陈启华．大众化教育背景下精英人才培养模式的构想与实践［J］．高教与经济，2006，19 (3)：46 – 49．

[51] 陈元晖．"一般系统论"与教育学［J］．教育研究，1990 (3)：33 – 41．

[52] 陈煜．教学研究型大学人才培养目标定位与模式选择［J］．黑龙江教育学院学报，2006，25 (5)：42 – 43．

[53] 陈旭，刘志杰．通才教育与专才教育关系辨析［J］．内蒙古师范大学学报（教育科学版），2010，23 (5)：13 – 15．

[54] 陈萦．应用型本科院校校企合作模式的调查研究［J］．高校教育管理，2009，3 (6)：42 – 48．

[55] 侯沛勇，杨思博．高等学校人才培养模式改革与德育研究［J］．西北工业大学学报（社会科学版），2000，20 (4)：56 – 58．

[56] 谭小芳．专业教育、通识教育与人才培养模式［J］．湖北社会科学，2010 (11)：170 – 172．

[57] 刘祥辉．通识教育在我国大学面临的实践困境和对策［J］．当代教育论坛（校长教育研究），2008 (5)：43 – 44．

[58] 刘东．全球化时代通识教育的困境［J］．新华文摘，2010 (20)：110 – 112．

[59] 邓殿栩．校企合作办学的实践与探索［J］．现代教育，2011 (Z3)：11 – 12．

[60] 钱学森．社会主义的人才系统工程［J］．红旗，1982 (2)：19．

[61] 李维平．对人才定义的理论思考［J］．中国人才，2010 (12)：64 – 66．

[62] 郭传杰．办学模式的改革与选择带有全局性［N］．中国教育报，2010 – 12 – 20 (1)．

[63] 马国军．构建创新人才培养模式的研究［J］．高等农业教育，2001 (4)：19 – 21．

[64] 蔡泉森．古代书院培养人才的特点［J］．杭州师范大学学报（社会科学版），1991 (4)：93．

[65] 潘懋元，肖海涛．现代高等教育思想演变的历程：从20世纪到21世纪初［J］．高等教育研究，2007 (8)：6 – 11．

[66] 蔡亭亭．斯坦福大学的人才培养模式研究［D］．长春：东北师范大学，2009．

[67] 朱景坤．多元巨型：克拉克·科尔的大学观解析［J］．徐州师范大学学报（哲学社会科学版），2012 (1)：133 – 138．

[68] 陈厚丰.中国高等学校分类问题研究[D].长沙:湖南大学,2004.

[69] 龙先琼.论大学人才培养模式的历史嬗变[J].湖南师范大学教育科学学报,2006,5(1):71-73.

[70] 顾明远.教育要回归"人的发展"原点[N].中国教育报,2011-07-11(1).

[71] 王开东.教育,病在何处?反思"人的教育"与"培养人才"[J].河南教育:基教版(上),2011(10):32-33.

[72] 蒋净.复杂工程系统的合理分解、灵敏度分析和优化设计[J].电子机械工程,1992(5):5-10.

[73] 田鹏颖,孙雷.工程哲学应包含"社会工程"[N].光明日报,2006-08-21(12).

[74] 王举群,刘更,王海伟.模式系统设计:一种现代设计方法的重要发展方向[J].机械科学与技术,2007,26(10):1332-1337.

[75] 王宏波.社会工程的概念和方法[J].西安交通大学学报(社会科学版),2000(1):45-52.

[76] 江颖.高校人才培养模式优化研究[D].南昌:江西财经大学,2012.

[77] 马瑜.从弗吉尼亚大学看美国高校的教育环境[J].昆明理工大学学报(社会科学版),2005(2):9-13.

[78] 贺美英.对高校校友资源的再认识[J].清华大学教育研究,2004(6):78-82.

[79] 张海君.系统结构模型的生成与研究[D].哈尔滨:哈尔滨工程大学,2006.

[80] 杨秉文.控制论在教育过程中的应用[J].红河学院学报,1992,9(4):13-15.

[81] 夏成满.教育目的实现的控制机制[J].教育理论与实践,1987(4):47-50.

[82] 王辉,张小诗,刘海军.高校人才培养质量反馈机制建构[J].现代教育管理,2011(11):38-40.

[83] 孙明保,李新平.基于层次分析法的人才培养质量评价指标体系及模型构建:以地方院校师范类人才培养为例[J].湖南理工学院学报(自然科学版),2011,24(2):27-30.

[84] 马万民.高等教育人才培养质量评价模型研究[J].中国软科学,2008(8):153-156.

[85] 郑延福.我国高等教育质量多元化评价指标的设计[J].求索,2011(5):177-179.

[86] 李硕豪,阎月勤.高校培养模式刍议[J].吉林教育科学:高教研究,2000(3):43-44.

[87] 周叶中,罗教讲.从市场需求看我国高校人才培养模式的改革[J].武汉大学学报(人文社会科学版),2000,53(6):830-836.

[88] 晓颖,刘尚林,蒋毅.我国高等教育人才培养模式转换研究[J].理工高教研究,2005,24(5):21-23.

[89] 李兴彩.上海高校卓越绩效评价指标体系研究[D].上海:上海交通大学,2009.